数据驱动下智慧城市建设研究

杨　梅　赵丽君　著

九州出版社
JIUZHOUPRESS

图书在版编目（CIP）数据

数据驱动下智慧城市建设研究 / 杨梅，赵丽君著 .
—北京：九州出版社，2020.1
ISBN 978-7-5108-8808-3

Ⅰ .①数… Ⅱ .①杨… ②赵… Ⅲ .①现代化城市—
城市建设—研究—中国 Ⅳ.①F299.2

中国版本图书馆 CIP 数据核字（2020）第 010796 号

数据驱动下智慧城市建设研究

作　　者	杨　梅　赵丽君　著	
出版发行	九州出版社	
地　　址	北京市西城区阜外大街甲35号（100037）	
发行电话	（010）68992190/3/5/6	
网　　址	www.jiuzhoupress.com	
电子信箱	jiuzhou@jiuzhoupress.com	
印　　刷	天津雅泽印刷有限公司	
开　　本	710毫米×1000毫米　16开	
印　　张	14	
字　　数	186千字	
版　　次	2020年11月第1版	
印　　次	2020年11月第1次印刷	
书　　号	ISBN 978-7-5108-8808-3	
定　　价	68.00元	

|目　录|

第一章 绪 论

第一节 智慧城市的由来

一、城市发展问题

城市是一个巨大且复杂的系统，各个因素互相牵连，相互影响。总结起来，城市具有五大核心系统：城市战略与治理、城市规划和建筑管理、信息基础设施等的管理、经济产业、社会民生。在这五大核心系统下，又包含了市政管理、政务管理、交通管理、城镇建筑、资源、能源、电力、供水、供暖，以及社会民生中的教育、文化、娱乐、医疗卫生等子系统。

过去几十年，全球城市人口以每年约 6000 万人的速度增长。人口的急速增长，使得城市管理的复杂程度越来越大，城市的负担越来越重，面临越来越严重的问题，如资源匮乏、气候污染、交通拥堵等。与此同时，涌入城市的人口也不断增多，使得城市管理越来越难，越来越多的城市面临着"城市病"。城市面临着前所未有的挑战：从政府的角度，要提高行政效率，为居民提供更好的服务质量和更便捷的服务方式；在基础设施建设上，要建设更智慧化、宜居的城市建筑，更完善的交通系统，打造更快捷的出行方式；在环境资源方面，要改善环境，治理气候变暖问题，要使资源利用具有可持续性；在产业上，要优化产业结构，改变传统产业模式，发展新兴产业，发掘新的经济增长点；在社会民生方面，无论是教育、文化、娱乐还是医疗卫生，都提出了更高的要求，市民生活质量需要提高。同时，由于社会和信息技术的发展，城市的各个系统不再是独立运行，还需要有效地整合与协作。

在城市急速发展和信息技术不断成熟的背景下，"智慧城市"这一概念迅速得到全球的认可，并被认为是新的经济增长点和解决"城市病"的重要手段。

二、"智慧城市"的起源

"智慧城市"的概念，最早是在 1990 年 5 月在美国旧金山举行的一次国际会议上提出的。当时，由于受到技术发展的影响和制约，智慧城市还没有受到重视，智慧城市的建设也没有开始。直到 2008 年 11 月，在纽约召开的对外关系委员会上，IBM 在《智慧星球：下一代领导人议程》这一报告中，正式提出"智慧星球"的概念。随后 2009 年，IBM 又提出了"智慧地球"的概念，建议政府投资新一代的智慧型基础设施。受到金融危机严重打击的美国，希望通过信息技术的发展拉动美国经济，时任美国总统奥巴马提出将"智慧地球"作为美国国家战略，试图以此激发美国的经济活力，使之成为新的经济增长点。接着，IBM 在"智慧地球"概念的基础上又抛出了"智慧城市"的概念（包括全面感测、充分整合、激励创新、协同运作等内容）。至此"智慧城市"才迅速成为全球关注的热点，成为城市发展历程中的一个新阶段。

第二节　智慧城市的定义

自 IBM 提出智慧地球、智慧城市后，国内外学者从各个方面对智慧城市的内涵进行了阐释。但目前智慧城市的概念仍然在不断完善中，尚无统一的标准。

IBM 在提出"智慧城市"时，将"智慧城市"定义为：使用高科技、先进技术手段，整合城市内部系统，使整个城市的系统化程度提升，让生活环境更加宜居，让城市发展更加和谐。

自 2009 年起，欧美国家开始实施智慧城市项目。不同的学者根据智慧城市的建设对"智慧城市"给出了不同的定义。总结起来，智慧城市的概念可分为三类：

第一类是以技术为基础的智慧城市，强调从技术角度理解智慧城市，认为技术是智慧城市发展的核心。从信息技术、互联网技术、物联网到云计算、人工智能，运用新技术，将城市装备起来，使用各种技术手段收集更多数据，运用强大的计算能力对数据进行分析、处理和运算，对城市运行的各个方面进行观测和调整，使城市形成一个协同运作的系统，使城市基础设施的有效性得到提高，实现对有限资源的最大化利用，使城市变得更富于"智慧"。以技术为核心的优点是抓住了建设智慧城市的基础及驱动力，强调了技术在智慧城市建设中的重要作用和支撑作用；缺点是用城市的"技术化"和"智能化"取代了城市的"智慧化"，忽略了智慧城市中人的因素和城市生态系统，容易导致硬件基础设施的过度投入和重复投入。

　　第二类是从应用角度出发对智慧城市进行定义。这种观点认为智慧城市应以解决"城市问题"为核心，而技术是为城市服务的手段和方法。在城市管理、产业、基础设施、资源环境、社会民生方面，通过技术的应用，达到城市智慧化。这一类概念的优点是全面考虑城市的问题，从城市整体层面出发，设计智慧城市的总体建设目标和总体架构，具有明确的目标性和可操作性；缺点是容易将各个应用系统孤立化，形成信息孤岛。

　　第三类是从系统角度定义智慧城市。这种观点强调智慧城市应注重经济、社会与环境的整体性、关联性和和谐统一性，是人们能够共存的可持续发展空间，核心在于整体性和人本主义。如玛格丽特·安吉杜（Margarita Angelidou，2014）认为智慧城市是一种抽象的概念，是对城市未来发展形态的一种描绘，是基于中心城市的个人、集体和技术而对城市的开发和升级，以促进城市整体的繁荣发展。这种观点的优点是重视城市各系统的相互支持与协同发展，重视可持续发展；缺点是建设路径不够清晰，系统整体性过于复杂，缺乏可操作性，对技术要求高。

　　"智慧城市"也得到了中国政府和学术界的广泛关注，对于智慧城市的研究也不断深入。目前国内在理解和定义智慧城市时，加入了中国发展背景和国情的内容。例如李伯虎将智慧城市定义为，在城市发展过程中，在城市基础设施、资源环境、社会民生、经济产业、市政管理领域中，充分利用物联网、互联网、云计算、高性能计算、智能科学等新兴信息技术手段，对城市居民生活工作、企业经营发展和政府行使职能过程中的相关活动与需求，进行智慧地感知、互联、处理和协调，使城市成为一个由新技术支持的涵盖市民、企业和政府的新城市生态系统，为市民提供一个美好的生活和工作环境，为企业创造一个可持续发展的商业环境，为政府构建一个高效的城市运营管理环境。我国通信协会的研究资料显示，智慧城市为新城市形态的创建，这一过程可以被定义为，在"管理更加高效、发展更为科学、生活更加美好"的建设目标下，充分运用通信技术与信息技术，令信息能够实现广泛、透明与充分的获取，在信息的高效传递与处理下，提升城市管理与运行效率，改善城市公共服务状况，营造出城市低碳生态圈，进而获得新形态下的城市。

国内关于智慧城市的概念更强调以智慧城市建设为依托，深化城市经济体制改革，拓宽城市发展路径；根据城市特征，发展特色产业，优化产业结构；坚持以人为本，建设生态型智慧城市。可以说智慧城市在国内的发展和建设，是与中国国情和国内城市特点相结合的，具有中国特色，符合中国的发展现状和技术水平，同时也顺应了世界城市整体的发展趋势，为中国的城市发展找到了新窗口。

虽然智慧城市尚未形成全球统一的定义与概念，但相关研究已基本达成一致。即智慧城市就是运用新一代信息技术，包含互联网、移动互联网、物联网、云计算、大数据、人工智能、空间地理信息系统，在采集城市数据的基础上，运用强大的技术算力，整合城市运转的各方面信息与资源，解决快速城市化进程中出现的系列问题，实现城市规划建设和管理服务的智能化与便利化，提升城市发展的速度和城市管理的效率，改善城市的生态环境，进而提升城市的综合竞争力。

综合上述信息，本书给出的智慧城市的定义为：智慧城市是运用新一代信息技术，以无线射频、传感器、高清摄像头等硬件设备为数据采集工具，以互联网、物联网、云计算、大数据、人工智能等智能技术发展为基础，在数据收集、存储和计算的基础上，对城市的五大核心功能进行管理与治理，提高城市系统中各要素及其相互关系的灵活反应与密切协同能力，让城市中各功能模块彼此协调，以提高智慧经营水平、促进智慧产业发展、保证智慧管理，目标是实现政府管理和服务的智能化，企业运营的集约化，居民生活的便捷化。

智慧城市是对城市这一巨大的复杂系统的中心化管理，是在城市管理系统中的另一个新型的复杂系统，主要通过无所不在的感知能力和广泛即时的互联能力，将各构成要素的数据在系统内汇集交融并产生大量衍生数据，利用大数据和云计算对数据进行挖掘、分析，最终通过数据的开放和共享为升级和优化城市系统发挥更实际的效能。智慧城市的实质是应用先进的信息技术，汇聚人的智慧，赋予物以智能，使汇集智慧的"人"和具备智能的"物"互存互动、互补互促，为人类创造更美好的生活，促进城市的绿色和谐发展与健康成长。

对智慧城市概念的理解，应该特别注意以下三点。

一、新型信息技术是智慧城市的重要基石

智慧城市的建设必须依赖于智能化基础，物联网、云计算、大数据和射频技术、人工智能以及边缘计算、区块链等新一代信息与通信技术是智慧城市建设的重要基石。智慧城市的建设需要有强大而成熟的技术背景。移动互联网技术和智能终端技术的发展，给人们的传统生产生活方式和城市的运行方式带来巨大的改变。城市需求的发展推动了智能技术的发展，反过来，新兴信息技术的发展和成熟又为智慧城市的建设提供了重要的技术手段和实现基础。尤其是云计算、物联网、人工智能、边缘计算的结合应用，使复杂的智慧城市建设成为可能。

二、满足人的需求和城市的可持续发展是智慧城市建设的关键

智慧城市的建设不仅仅是信息技术在城市中的应用，更重要的是"人

的智慧"，要以人的需求为出发点。智慧城市的核心理念是以人为本和人的全面发展，满足人的安全、医疗和教育等基本需求。从人与人互联，到人与物的互联、物与物的互联，城市中的物和人能够更好地结合，从而为人们提供更智慧化的服务。智慧城市是人们对未来城市发展的美好追求和期望，根本目标是在以人为本的核心理念下，充分发挥和利用人的智慧，在全面提升公共服务与运营水平、构建发达产业体系的基础上，通过不断创新，构建高效、安全、和谐的城市系统。

在满足人的需求的基础上，智慧城市的建设还应该关注城市的可持续发展问题，智慧城市应该为城市提供更集成的系统和更节约的环境，关注节能低碳和生态环境，利用智能化处理节约能源，提供更优的发展路径，建设更好的生态环境。

三、系统化、集成化应该成为智慧城市发展的最终目标

在以人为本和城市可持续发展的基础上，智慧城市的最终目标是充分运用软硬件设施及其他基础设施，以类大脑的系统作为城市管理的中心系统，将城市运转的数据送到中心系统集中处理，再分发到各个子系统，达到对城市整体功能的协同化处理，解决各个部分孤立化的现状，消除信息孤岛，最终实现城市信息共享、城市数据集成化处理和各子系统的协同运作。

第三节　智慧城市的特征

一、城市信息化和智能化

1967 年，一名日本学者在"工业化"的基础上提出了"信息化"概念。

电脑出现以后，信息化技术迅速发展起来。随着信息技术的成熟，人类由后工业社会步入信息化社会。进入 2010 年后，随着大数据和人工智能技术的发展，社会的发展由信息社会进入智能时代。信息时代是人与人互联的时代，是互联网爆发性发展的时代。接下来的智能时代，将会是物联网的时代，信息技术将人与人的互联发展到人与物的互联、物与物的互联，即万物互联。万物互联是智慧城市的最重要的特征。城市信息化的核心是物的信息化，在互联网充分发展的基础上，将城市的"物"接入互联网，使城市具有类人的思考能力和处理能力。智慧城市建设经历数字化、网络化、智能化、万物互联四个阶段，每一个阶段的核心都是信息化。

智慧城市建设背景下，信息技术、大数据和物联网技术将被应用于城市的各个领域，包含政府、交通、医疗、教育、公共安全、环境、资源、金融旅游、政府、社区等。城市的所有建筑、系统、环境、人类行为，都将可被智能感知，都将变为数据的提供者。通过城市信息大数据平台，各种信息数据的收集和融合将使城市变得动态可视，可实现对城市的数据中心化处理和动态管理。在此基础上，由于数据的时效性和有效性，政府的城市管理水平和决策效率得到提高，城市的基础设施和空间结构也随着智慧城市的发展而发生变化。"智能时代"的来临将会改变城市人民的生产、生活方式，城市管理模式与运行模式也会发生相应变革。

二、城市可持续化发展

在目前环境、资源面临巨大威胁的情况下，建设智慧城市需要根据环境和资源的承载力对城市进行合理的规划设计和施工，从节约型城市和环保型城市的建设出发，建立一个可持续发展的城市。可持续发展是未来城市的一个重要要求，是智慧城市的重大特征。西方国家在建设智慧城市的过程中，将城市的发展和科技的发展相融合，不仅可解决城市面临的日益严重的问题，另外一个非常重要的作用就是实现生态环境的可持续性发展。在越来越多的人口涌入城市的过程中，资源被严重消耗，生态环境被严重破坏。智慧城市的发展强调和提倡绿色发展理念，通过城市资源的合理规划和生态环境的合理治理，达到合理利用资源、保护环境、发展低碳经济的目的，以期在经济发展和有限的资源以及脆弱的生态环境之间找到一条科学的发展道路。可持续发展是我国多年以前就提出的城市发展理念，在智慧城市建设中不应过度或者重复投入资源，而应通过发展信息技术、优化资源环境等措施，达到可持续发展的目标。信息技术的应用，能够更好地对环境、资源进行分析，减少碳排放，改善环境质量，提高城市的智能化，最终实现可持续发展。

三、全面感知

智慧城市的建设基于感知技术的应用，主要通过广泛的传感器、无线射频技术、高清摄像技术搜集城市的全面信息。感知技术广泛应用于智慧城市中，发展的最终目标是将万物互联，即以传感器或者其他的形式，进行数据的连接，从而突破空间的限制，达到人与物的智能融合。全面感知是智慧城市的出发点，是建设智慧城市的最基本的要求，是智慧城市的最主要特征之一。

四、集成共享

智慧城市建设的另一个重要特征是数据的集成和共享。通过感知设备所搜集的资料是以数据的形式出现的，基于广泛分布的感知设备，每天的数据收集量数以万计，需要将这些数据汇集到城市中心处理系统，进行数据的集中处理。另外，将城市运行中的每一个环节所得到的数据进行集成化的处理，也是实现城市整体性和系统性管理的重要手段，是智慧城市的信息特征。在集成的基础之上，将处理后的数据分发到各个终端，实现各部门共享。由此，城市数据具有全面性、整体性和系统性，可以极大地提高政府管理城市的效率，及居民的生活效率，改善政府的服务和人们的生活。

第二章　国内外智慧城市建设概述

第一节　国外智慧城市建设现状及分析

智慧城市的概念源自美国，智慧城市的建设也开始于美国。现如今，全球许多国家和城市都在进行智慧城市的建设。典型的如美国纽约、洛杉矶，新加坡，日本东京，韩国的首尔、松岛新市以及瑞典的斯德哥尔摩等。

一、美国智慧城市建设

2008年在 IBM 提出"智慧地球"概念后，美国开始了智慧城市的建设，并将智慧城市作为美国金融危机时期的新的经济增长点。

（一）美国智慧城市建设典型案例

1. 迪比克市

迪比克市是美国第一个进行智慧城市建设的城市，它与 IBM 合作，将城市水、电、油、气、交通等公共服务利用物联网技术连接起来，通过数据整合和智能化处理，降低了城市的能耗和运行成本。市政府给全市住户和商铺安装数控水电计量器，记录资源使用量，利用低流量传感器控制资源泄漏，仪器记录的数据会及时反映在综合监测平台上，并进行分析、整合和公开展示。

2. 纽 约

纽约智慧城市的建设是围绕着绿色纽约，智能交通，城市信息化、集成化和垃圾再循环展开的，在建设过程中把提升居民生活质量放在第一位，同时注重节能环保。纽约市政府把建设智慧城市作为一个长期工程，分阶段、分步骤、分层次地展开。

3. 旧金山

旧金山在智慧城市和可持续发展方面的建设实践中取得了优秀的成绩。早在 2009 年，旧金山就通过开放数据立法制订了建设零浪费智慧城市的计划。为了实现零浪费的目标，旧金山提出了一系列的城市建设举措，如"回收地点"和"零浪费标识制造者"这两个在线工具，企业和居民可以自己创建回收零浪费标志。这些举措使得该市的废物转移率达到了80%。旧金山还在城市进行智能电网的推进，开展生活创新区项目，帮助企业展示新技术。目前，旧金山被认为是美国在环保和智慧城市建设的标杆城市，是美国智慧城市建设的榜样。

4. 芝加哥

芝加哥通过对路灯进行改装，安上传感器，挖掘城市数据。这些无处不在的传感器可以搜集城市信息，监测环境数据，为城市管理提供空气质量、光照强度等指标。

（二）美国智慧城市建设模式

1. 推进模式

2013 年之前，美国智慧城市建设主要由国家战略驱动，是智慧城市的探索阶段。2013 年以后逐渐成熟进入深化和应用推广阶段，主要是需求驱动和技术引领相结合，在考虑到城市发展实际需求的情况下，注重项目的智慧化水平。洛杉矶、芝加哥、波士顿智慧城市的建设都是依靠智能感知、智能处理等技术，并结合大数据和数据驱动的机器学习方面的技术，是典型的需求驱动和技术引领相结合的模式。

2.组织模式

美国智慧城市建设采用的是多方合作的组织模式，参与者包含政府、企业、研究机构、高校，还有城市和城市间的合作。在资金筹措上也采用多样化的模式，政府积极争取企业投资，同时以财政补贴的形式为智慧城市项目提供资金。

（三）美国智慧城市建设经验

目前美国智慧城市的建设已经遍及交通领域、能源领域、建筑领域、水资源领域、农业领域、制造业领域。

在交通领域，利用信息技术整合出行模式，建立数字化交通运输系统，发展自动驾驶。自动驾驶技术有效地提升了汽车使用效率，减少了私家车拥有和使用率，减少了碳排放，减少了闲置的城市停车空间。自动驾驶与云计算、物联网等技术为解决城市交通问题，提供了一个全新的模式。智慧交通和无人驾驶技术的应用给未来城市交通的发展和居民交通出行的模式带来了颠覆性的变革。

在智慧能源领域，技术的应用已经渗透到了能源的生产、消费和回收等各个环节，包括分布式可再生能源、片区式供热和供冷。低成本的能源存储技术、智能电网技术、信息技术和检测技术的应用，有助于提升城市建筑的能源利用率，节能照明技术的应用有助于降低城市的能源需求。

在建筑领域，采用新建筑技术、建筑全生命周期管理、基于传感器的空间管理技术、自适应空间管理技术，促进了美国建筑业的信息化、规模化、个性化和低成本化。在建造过程中，工厂化的预制对于加快建设速度、降低成本起到了积极作用。在建筑内部布置传感器，能够更好地控制室内的电器、通风、供水、供热等设备，能够更好地适应外部环境的变化，为住户提供更舒适的环境。

在水资源领域，构建了一个集节的水资源、洪涝管控和环境需求为一体的水资源网络系统。在这个系统中，水利设施可以通过本地雨水的收集、回收和再利用解决一部分水资源需求，减少远距离的调水。美国在家庭住房和城市边布置了广泛的雨水收集点，可以更多地搜集雨水，例如洛杉矶预计到2099年就可以收集到比目前多三到四倍的雨水。雨水经过处理后，可用于地方的用水需求，减少大规模水资源调用和消耗。即使雨水处理后达不到饮用水的标准，也可以用来发挥其他的功能，如灌溉、路面清洗等，为城市节约水资源。

在城市农业领域，美国采用无土栽培和垂直种植技术开展建筑的屋顶、立面绿化，不仅可以吸收二氧化碳，降低碳排放，还降低了城市新鲜蔬菜和水果的生产成本。

美国智慧城市建设在强调信息技术运用的同时也强调了投资收益分析。作为全球经济实力最强的国家，美国把智慧城市的建设作为一个长期计划，明确智慧城市的建设不是一蹴而就、立竿见影的，是在建设的过程中因地制宜逐渐形成的，是在不断积累成功经验和失败的探索中螺旋式向前发展的。在智慧城市建设中，美国以片区为主体进行实验，通过对不同片区智慧项目的推进、数据的搜集评估和经验学习，总结成功经验和失败教训，不断积累经验，为其他片区提供样本。同时在经验不断累积的基础上，构建智慧城市建设模型，避免在不确定性环境下大规模投资造成损失。

二、欧洲智慧城市建设

2011 年，欧盟推出了智慧城市和社区计划。2012 年，欧盟投入了 8100 万欧元用于能源交通的试点项目。同年 7 月，欧盟委员会提出了在欧洲范围内创建智慧城市和社区的创新伙伴关系，提倡在通信、交通和能源方面开展智慧城市示范项目建设。

（一）欧洲智慧城市建设典型案例

1. 柏　林

柏林的智慧城市建设主要由柏林伙伴公司负责。柏林伙伴公司是柏林为建设智慧城市而专门成立的机构。柏林建设智慧城市的方向有两个，一个是电动交通，另外一个是节能住宅。柏林的目标是建设成为欧洲领先的电动汽车大都市。2011 年 3 月柏林就提出了电动车行动计划，目前柏林已经建成德国最大的电动汽车实验室，可持续交通的项目覆盖了从家庭用车、电动汽车共享到企业用车的广泛范围。另外，柏林提出并推行了被动式节能住宅，这是一个全新的节能概念。这种被动式住宅在室外温度 –20℃ 的情况下，即使室内不开空调或暖气，也能保持舒适生活所需的温度。这将极大地节省能源，房屋每年供热能耗仅为 15° 电。被动式节能房的能源主要是可再生能源：一是通过屋顶的太阳能装置供电；二是尽可能多地接收阳光；三是通过通风系统从废气中抽取能量再进行循环利用。这种被动式住宅仅通过设计、材料、施工手段就可以实现。

2. 法兰克福

法兰克福的智慧城市建设由法兰克福环保局负责，提倡绿色发展。法兰克福进行了"环城绿带"建设，绿化率高达 52%，人均公园绿地面积达 40 平方米。法兰克福的环城绿带项目已经持续了 20 年，成为城市环境的屏障。法兰克福也进行了被动式住房项目的推进，通过提高房屋的保温密闭性和可再生资源利用率达到节能的目的。另外，法兰克福市政府还通过现金奖励的办法鼓励居民节约用电，居民在一年内如果能够节约上一年度用电量的 10%，就可以得到现金奖励。在控制二氧化碳排放方面，法兰克福也采取了大量的措施，如投放低排放的公交车和天然气汽车、建立低排放区域、鼓励自行车出行等。

3. 斯德哥尔摩

瑞典首都斯德哥尔摩的智慧城市建设举措，体现在改善交通和促进节能减排方面。通过在道路上设置路边监测器，利用射频识别、激光扫描和拍照技术，对车辆排量进行自动识别；另外，还对进出市中心的车辆收取拥堵税。上述措施不仅降低了交通拥堵，同时使温室气体排放量减少了 40%。

（二）欧洲智慧城市建设模式

欧洲智慧城市建设大多采用自上而下的推进模式。通常由欧盟或其他组织发布战略规划，相关国家根据本国情况开展智慧城市建设。在组织模式上，政府、企业、公众共同参与。在项目资金经费方面，欧洲智慧城市项目多属于公共服务类项目，经费主要依靠公共财政，财政经费的支出需要经过严格的法定程序和公民的支持，因此大欧洲智慧城市建设充分体现了以人为本的理念，项目的实施是全民动员、各方广泛参与的过程，参与者充分表达了他们的利益诉求，又体现了公平公正的原则。都比较谨慎，项目的投资需要经过反复的论证。

（三）欧洲智慧城市建设经验

欧洲智慧城市建设过程中的技术应用很值得借鉴。其技术应用并不局限于智慧技术和信息技术，而是采取现代技术领域的融合模式，强调了再生能源的利用以及绿色建筑、可储能设备的建设，核心技术是太阳能、风能、水能的利用以及零星、扩散能源的存储和再利用。欧洲智慧城市建设在世界范围内对节能环保和城市的可持续发展提供了一种技术应用方案。

三、亚洲智慧城市建设

（一）日本智慧城市建设

早在 2001 年，日本就提出了建设高度信息化的网络社会，推进 E-Japan 计划。2004 年，日本信息通信产业主管机关总务省又推出了 U-Japan 战略，该战略主要内容是，应用信息技术建立覆盖整个日本的网络，实现在任何时间、地点都可自由上网的目标。2009 年日本又推出了 I-Japan 战略，这项战略的目标是到 2015 年建设成数字化社会。2016 年，日本推出了"超能超智社会"建设计划，这是日本的第五个科学技术基本建设计划。

（二）新加坡智慧城市建设

2014 年，新加坡提出了"智慧 2025"计划，目的是把新加坡建设成为全球第一个智慧国家。智慧 2025 强调通过信息共享方式，帮助人们实现更科学的决策，通过建立覆盖全国的基础设施平台，为全国公民提供数据信息，并基于数据分析结果进行预测，为市民提供更好的公共服务。建设计划包括四大战略板块，一是发展具有全球竞争力的资讯通信产业；二是对主要经济领域、政治部门乃至整个社会进行改造；三是建立超高速、普适性、智能化、可信赖的通信基础设施；四是发展普通从业人员的资讯通信技术能力，培养具有全球竞争力的资讯通信人才资源。新加坡在全国布置了成千上万的传感器，分布在城市各处，可对公共交通路线、行人、车辆进行监测。新加坡全岛部署了 7500 个无线热点，只需要一个手机号就可以登录免费 WiFi。在经济和社会领域，新加坡也提出了智慧化建设的解决方案。如贸易和物流领域的跨领域解决方案，该方案利用传统通信技术（ICT）技术建立一个跨行业的信息交换中心；航空货运领域也引入了ICT技术实现空运货品程序的智慧化；建立了智慧交通系统，该系统包含高速公路监控、智慧地图、停车指引、动态路线导航等，可以利用该系统进行交通资源的分配，解决城市的交通拥堵问题；在医疗卫生领域建立了强大的综合医疗信息系统，开发了远程医疗模式，在 ICT 的技术帮助下，老人可以获得远程医疗；在政府应用方面，建立了公开数据分享平台成为可能，居民可全天候地访问和使用在线服务，企业可在线办理商务许可、工作许可，使经济、教育、环境、金融、社会等各方面数据的开放和可视化，通过政府平台系统。

新加坡也制定了全面的网络安全策略，用于支持智慧国家的发展。新加坡政府与国际企业合作，在平台建设上进行了大量投资，如国家传感器平台、电子发票平台、国家贸易平台、政府数据平台等。新加坡智慧城市的建设是在先规划后发展的思路下进行的，立足长远、务实是其主要特点。新加坡强调跨部门协作，加强了与业界的合作，鼓励社区和居民积极参与。

在智慧国家的建设中，新加坡是非常务实的。2014 年新加坡总理李显龙在演讲中就强调，"智慧国家的目的是让国人通过科技的力量过有意义和充实的生活，并让所有国人获得令人激动的机会"。在推进模式上，新加坡采用了政府整体管理的框架。在总理部署下设置智慧国家及数码政府工作团，下设两个平行机构：智慧国及数码政府署和新加坡政府科技局。前者负责政策的制定，后者负责具体的执行。这样的机构设置改变了过去智慧城市建设中政策和执行的部门的"政出多门、九龙治水"的现象，避免了重复建设和多重管辖的问题。

（三）韩国智慧城市建设

1. 首　尔

首尔是韩国的首都，是韩国最大的城市，也是世界第七大城市，面积605.77平方公里。首尔是韩国的政治、经济、文化教育中心，也是韩国海、陆、空交通枢纽。首尔具有大都市的一切特征，同时也面临着和其他城市一样的城市病。在首尔快速发展和城市问题日益严重的情况下，2006年，韩国政府启动了首尔市的智慧城市建设。该计划被命名为 U-City，英文全称为 Ubiquitous-City，即"无处不在的城市"。

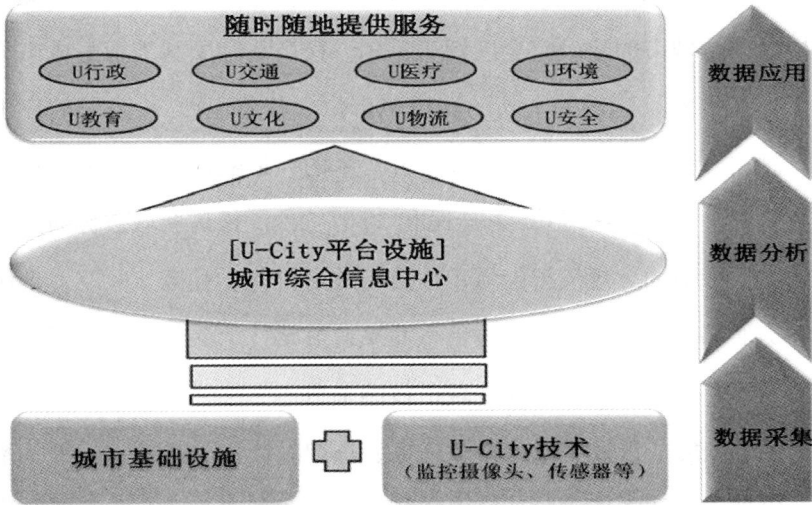

图2-1　首尔U-City计划框架图

U-City 实施的中心环节是建立 U-City 平台，这是城市的综合信息中心。U-City 平台以城市基础建设和 U-City 技术（监控摄像头和传感器技术等）为依托，提供行政、交通、医疗、环境、教育、文化、物流、安全等方方面面的信息，随时随地提供服务。U-City 正在从根本上改变着韩国人生活的方方面面。在城市管理中，运用无线传感器网络，城市管理人员可以随时随地掌握道路、停车场、地下管网等设施的运行状态；运用红外摄像机和无线传感器网络监控火灾，可以突破人类视野限制，提高火灾监测自动化水平，提高城市安全管理水平。在环境方面，U-环境系统可向市民手机发送环境、气象、交通信息，提示是否适宜户外运动。在城市交通方面，U-交通系统可实时提供交通信息。在城市生活方面，政府在街道和广场安装媒体显示屏，提供实时信息，同时这种显示屏采用电子芯片，降低了能耗，可使 LED 的能耗降低 26.7%。

2. 松　岛

（1）建设背景

松岛智慧城市的建设完全区别于首尔。松岛是韩国基于智慧城市的建设理念，从零开始建造的全新的城市该市位于首尔以西 56 公里的仁川港附近，是黄海中填海而建的一块 6 平方千米的人造陆地，面积大约相当于整个曼哈顿市区，可容纳 6.5 万居民和 30 万工人。松岛新城被称为全球最先进的基于绿地的大规模智能城市项目，政府机构、社区、医院、企业、学校和交通部门等将实现全方位信息共享；数字技术深入住户房屋、街道和办公大楼，像一张大网一样把城市枝端末节连为一体。一张智能卡，就能让居民轻松完成涉及生活的付款任务、查询医疗记录甚至开门等一系列琐事。松岛建成后将成为全球自由贸易和国际商务中心，在东北亚物流中也将发挥重要作用。松岛就像韩国建立的"理想的都市"，在这片空白的土地上可以进行智慧化的任意挥洒。松岛在建立之初就以解决现代都市生活所面临的交通拥堵、空气问题、环境问题为宗旨，以绿色、智慧为目标，依托绝佳的地理位置和政策倾斜，吸引了全球的投资目光。

1998 年，韩国在政府的支持下，开始了连接松岛新城和机场的基础设施建设。本次建设私人筹集资金预计为 200 亿美元到 400 亿美元，由美国著名的 KPF 建筑事务所进行设计。松岛以韩国政府为信用依托，以美国 Gale 公司作为实际操盘方，以未来住宅销售收益为抵押，频繁贷款以支持项目的开发、建设和运营，因此被业界评论为"史上最大私人房地产项目"。2001 年起，松岛进入建设阶段，首轮融资 9000 万美金用于项目启动，随后第二轮投入 1.8 亿美元，其中 50% 用于偿还前期贷款，余下的 50% 继续投入新城建设，用于土地收购。第三轮投入 15 亿美元作为后续基础设施与配套设施的建设资金。

（2）技术保障

松岛智慧城市的建设中，采用了最先进的技术。城市建筑获得了绿色建筑最高评级；城市街区设计巧妙，城市绿洲是仿照纽约中央公园建设的健全的公共系统，安装有有效的水循环利用系统；城市被无处不在的宽带和生物、纳米、信息技术覆盖。在全球知名 IT 公司成为仁川市政府与松岛新城建设的战略合作伙伴后，"智慧互联城市"的建设理念在松岛的建设中得到实践，全域服务包括了全城 WiFi、公共信息发布与服务、智能标杆，实现了一卡通、智能卡、多功能设备智能化，媒体、车站等新一代信息通信智能化，能源管理、设备维护等楼宇管理智能化，门禁、监控、入侵检测等安全与安保服务智能化。商业服务包括可视化通信、社区互联以及 IT 服务外包、数据中心、云计算与云存储等数据中心服务，实现了医疗、安保、信息安全等智能化，交通信息、宜居环境服务、城市地理信息系统智能化，门户网站、呼叫中心、礼宾服务智能化。这里还汇集了国际和韩国国内技术性公司的研发（R&D）中心，智能城市技术研发中心和互联网技术、射频识别（RFID）试验中心陆续在这里设点。总之，松岛的"智慧化"体系思路是力求全天候全覆盖，为入驻园区的企业和用户提供一种的"无时不在无处不在"的信息服务。

（3）运营模式

松岛以私人投资为建设资金的主要来源，而私人投资的最终目标是在保证基本服务的基础上尽可能减少投入并获取商业收益。松岛盈利模式是先期通过商业地产项目获得收入，并通过提供设施管理服务产生持续收入，以确保公共服务的提供和商业可持续性。后期条件成熟时提供增值服务，增加收入。在运营模式上，采用"运营公司＋服务公司"的模式，尽量减少政府投入，保障区域内信息基础设施运行，待发展到更为成熟的阶段，则更深入地挖掘信息服务需求，提供更多的增值业务，实现利润增值，实现用户和区域运行管理方的双赢。

松岛的"智慧互联城市"建设给松岛的城市管理带来诸多好处，比如高科技信息手段使城市管理更高效。对经济的增长也有很大的益处，一流企业的入住，可以保持城市经济活力，创造就业机会，发展新的产业，涉及的产业链也为城市的发展提供机会。同时为居民提供了舒适宜居、绿色环保的生活环境和高质量的公共信息增值服务，提高了市民的生活质量。

本质上，松岛新城是一个巨大的商业项目。

（4）评　价

松岛的总体规划是"可持续设计原则的结合，如可持续交通模式和开放与绿色空间的混合"，并且在 2008 年获得了"可持续城市奖"。松岛利用尖端城市技术，旨在创造乌托邦式的未来城市和生活。然而，该城市建设中自上而下的决策使智能城市的技术解决方案具有浓厚的官僚主义。

现在，这座人们向往的、以高科技打造的新城已经成为"切尔诺贝利式"的鬼城。自 2002 年开工兴建至今已经 18 年，但建设进程还未过半。根据最初计划，"松岛新城"应该于 2015 年建成投入使用，入住人数超过 30万，而到现在新城内仅有 7 万人居住，不到计划中的 1/4，大街上空荡荡的。

而且投资严重短缺，韩国政府想尽各种办法吸引投资者和公司参与建设，却收放甚微无济于事。

造成这种现象的原因，首先是过高的生活成本。前期巨额资金的投入、顶级技术的应用，导致了昂贵的生活成本，无法吸引普通市民，由此投资也逐渐减少。由于入住人口太少，城市空旷，到了傍晚，街道上就没有人，人们宁愿选择回到人口密集、拥挤不堪的首尔生活，这也进一步导致入住人口减少。由此可见，智慧城市的建设绝不是简单的唯高科技论，以科技为唯一导向的智慧城市建设最终只会导致建设成本的推高。

通过松岛新城的案例可以看出，智慧城市不仅仅需要智能化的基础设施，同时必须考虑公民和智慧社会背景。也就是说，智慧城市需要考虑城市居民的需求与体验，城市需要具备人文精神，要以人为本，而不能只有冷冰冰的科技和建筑，智慧城市不是一堆新技术的堆砌，它是一套整体的框架和系统，创新、包容等同样是智慧城市重要的特征。

而以私人资金推动智慧城市建设也是弊大于利。私人资金的天然属性决定了其会优先发展地产，而商业尤其是产业严重滞后的局面导致了产业集群带动区域发展的功能完全无法形成，这样一来，工作成本和生活成本提高了，社会效益和经济效益降低了，人口聚集效应进一步弱化。发展的结果与最初的产融新城设想相悖，长此以往，产融失衡，进一步加大"世界级城市"的初衷与现实之间的裂痕。无疑，松岛新城为智慧城市的发展提供了一个反例：建立一个全新的智慧城市不是不可能，但是要兼顾环境、技术和人文，在建设中要以产业发展为中心，而不能以商业地产为中心。

韩国智慧城市的建设需要适用于改造现有城市，因为不断建设新的智能城市不是一个可持续的方法。增加现有城市的智慧化设施，对现有城市进行升级改造，才是智慧城市建设的可持续发展之路。松岛自上而下的发展战略，是以企业为主、政府推动的建设，缺少居民的参与，城市建设的重点放在了国际商务上，而没有考虑居民 / 工人的需求，因此导致未能达到预期的成果。如果只能为富裕阶层的城市人群服务，即使是再先进的技术，再完备、再智慧化的服务都无法达到智慧城市建设的目标。

第二节　国内智慧城市建设现状及分析

一、我国智慧城市发展背景

（一）城市发展需求

进行智慧城市建设的根本原因在于不断增多的城镇人口导致的城市危机。从 2008 年到 2017 年，中国城镇人口数量由 6.24 亿增长至 8.13 亿，城镇化率由 46.99% 增长至 58.52%，提高了 11.53 个百分点。

随着我国城市化进程的加快和城镇化率的不断提高，城市人口越来越多，对城市规划、建设、管理和服务等方面的要求越来越高。教育、医疗、供排水、污水处理、燃气供应、交通、环保等领域增加的压力，给本就脆弱的基础设施带了前所未有的挑战，因而智慧城市建设势在必行。推进智慧城市建设有利于加快我国的工业化、信息化、城镇化和农业现代化，完善城市可持续发展的能力，对于"两个一百年"目标的实现也能起到促进作用。

（二）技术成熟驱动

2019 年，全国各地相继成立大数据管理局，5G 商用正式开启，这也标志着智慧城市迈进了数据驱动发展的新时代。由此可知，2020 年，必是我国智慧城市发展进程中意义非凡的一年。新的趋势和转变不断显现，传统的通信技术（ICT）在交通、金融等领域商用，人工智能、云计算、大数据、物联网、地理信息技术的成熟，也为智慧城市的发展奠定了技术基础，使城市具备了互联、交互、共享的能力。

二、我国建设智慧城市的相关政策

（一）我国智慧城市建设的相关政策

从2012年至2017年9月，国家层面出台了十多个相关政策文件；在地方层面，有500多个城市在政府工作规划中提出了建设智慧城市的构想，其中副省级城市占95%，地级市占83%。

总的来说，关于智慧城市建设的政策可以分为四类：第一类是建设智慧城市的具体政策和规划，其中包括政府长期规划、建设方案、指导意见、项目管理方法等；第二类是政府在总体建设规划中专门制定的智慧城市政策；第三类是"城市信息化建设"或"数字城市建设"的相关政策，其中的内容与建设智慧城市的目标相似；第四类是由多个中央部委联合开展的试点项目，重点关注智慧城市建设或相关基础设施。

表2-1　国家智慧城市建设相关政策汇总

编号	时间	政策名称
1	2012.11	《国家智慧城市试点暂行管理办法》
2	2012.11	《国家智慧城市（区、镇）试点指标体系》
3	2013.08	《关于促进信息消费扩大内需的若干意见》
4	2014.03	《国家新型城镇化规划（2014—2020年）》
5	2014.08	《关于促进智慧城市健康发展的指导意见》
6	2015.01	《关于促进智慧旅游发展的指导意见》
7	2015.05	《关于推进数字城市向智慧城市转型升级有关工作的通知》
8	2015.10	《关于开展智慧城市标准体系和评价指标体系建设及应用实施的指导意见》

（续上表）

编号	时间	政策名称
9	2016.02	《关于进一步加强城市规划建设管理工作的若干意见》
10	2016.08	《新型智慧城市建设部际协调工作组2016—2018年任务分工》
11	2016.11	《关于组织开展新型智慧城市评价工作务实 推动新型智慧城市健康快速发展的通知》
12	2016.12	《新型智慧城市评价指标（2016年）》
13	2017.01	《推进智慧交通发展行动计划（2017—2020年）》
14	2017.07	《新一代人工智能发展规划》
15	2017.09	《智慧城市时空大数据与云平台建设技术大纲》（2017版）
16	2017.09	《智慧交通让出行更便捷行动方案（2017—2020年）》
17	2017.12	《关于开展国家电子政务综合试点的通知》
18	2017.12	《促进新一代人工智能产业发展三年行动计划（2018—2020年）》

（二）国家政策解读

《国家智慧城市试点暂行管理办法》是最早的国家级智慧城市建设政策，指导国家智慧城市试点申报和实施管理。

《国家智慧城市（区、镇）试点指标体系》列明了智慧城市试点的指标体系。

《关于促进信息消费扩大内需的若干意见》中明确提出要加快智慧城市建设，并提出在有条件的城市开展智慧城市试点示范建设；鼓励各类市场主体共同参与智慧城市建设。

《国家新型城镇化规划（2014—2020年）》是关于智慧城市建设的一个重要政策文件该规划明确提出要推进智慧城市建设，为智慧城市建设指明了方向。政策指出，为实现城市经济与社会发展的进一步融合，必须利用好城市发展的物质资源、信息资源和智力资源；同时大力促进物联网、云计算、大数据等新技术的创新应用，并加强信息基础设施建设，如信息网络、数据中心等；要实现政务信息共享和部门间、行业间和地区间的业务协同，要加强信息资源的社会化，拓展智慧化信息的应用，推广新型信息服务，从而促进城市规划管理信息化、基础设施智能化、公共服务便捷化、产业发展现代化、社会治理精细化。

《关于促进智慧城市健康发展的指导意见》中提出到 2020 年，要建成一批特色鲜明的智慧城市。《意见》作为战略政策文件，为中国的智慧城市建设确立了基本原则：必须以人为本、务实推进；因地制宜，科学有序；市场为主，协同创新；可管可控，确保安全。《意见》还提出了一些具体措施，包括应用智慧技术推动综合公共服务，推动数字平台的数据收集与分享，促进执法（如通过智慧技术促进依法纳税），推动电子政务，完善群众诉求表达和受理信访的网络平台等。

《关于促进智慧旅游发展的指导意见》指出在旅游服务领域，加强智慧管理、大数据挖掘和智慧营销能力，加大大数据系统分析、人工智能技术应用。

《关于推进数字城市向智慧城市转型升级有关工作的通知》中强调了地理信息技术在智慧城市建设中的应用，对智慧城市建设提出了指导意见。

《关于开展智慧城市标准体系和评价指标体系建设及应用实施的指导意见》中，对推进现有智慧城市相关技术和应用标准及指标体系的制定修订工作提出了指导意见。

《关于进一步加强城市规划建设管理工作的若干意见》对智慧城市规划的管理工作提出了一系列意见。

《新型智慧城市建设部际协调工作组 2016—2018 年任务分工》中明确了智慧城市协同工作组的 25 个成员部门和任务职责。

《关于组织开展新型智慧城市评价工作务实　推动新型智慧城市健康快速发展的通知》确定了新型智慧城市评价指标，对评价工作提出了一系列要求。

《新型智慧城市评价指标（2016 年）》按照"以人为本、惠民便民、绩效导向、客观量化"的原则制定了智慧城市评价指标体系。

《推进智慧交通发展行动计划（2017—2020 年）》明确了智慧交通建设的目标：基础设施智能化、生产组织智能化、运输服务智能化、决策监管智能化。

《新一代人工智能发展规划》对人工智能在智慧城市建设中的应用提出了指导意见，对构建城市智能化设施、发展智慧建筑、推动地下管廊建设、建设城市大数据平台，构建多元异构数据融合的城市运行管理体系，构建全面感知城市系统，构建社区公共服务系统等方面提出了规划意见。

《智慧城市时空大数据与云平台建设技术大纲》（2017 版）在原有数字城市地理空间框架的基础上，提出了依托云技术，实现智慧城市时空基准、时空大数据与时空信息云平台的建设。

《智慧交通让出行更便捷行动方案（2017—2020 年）》在完善交通出行智能化，全面建成公共交通智能系统方面提出指导意见。

《关于开展国家电子政务综合试点的通知》明确了提升电子政务能力、政务信息资源共享、提升政务服务水平等意见。

《促进新一代人工智能产业发展三年行动计划（2018—2020 年）》提出要实现人工智能产业的重要突破，人工智能和实体经济进一步融合化。

国家的一系列政策的推出，表明智慧城市建设已经成为我国重大国家战略之一，也是创新和投资的巨大驱动力。

（三）各省市智慧城市政策汇总及解读

我国智慧城市建设的重点和途径因地而异，但异中有同，即以城市整体发展规划为依据选取建设智慧城市的要点和途径，从而达到智慧城市建设和城市整体发展规划的一致。

2016年11月8日，深圳市新型智慧城市建设领导小组经过审议后通过《深圳市新型智慧城市建设工作方案（2016—2020年）》。该《方案》指出，争取到2020年完成深圳市智慧城市的基础设施建设，打造随时随地、便捷高效的信息服务平台，建设绿色洁净的宜居城市，建成国际领先的智慧城市。根据《方案》，深圳市建设新型智慧城市的重点将放在社会治理、公共服务、城市环境、信息经济、信息安全和基础设施上。北京、杭州、桂林、宁波、上海、武汉、青岛、天津、广州、南京等地也相继推出了自己的智慧城市建设政策，为当地智慧城市的建设提供指导意见。

三、我国智慧城市建设特征

自2012年底住建部第一批智慧城市建设启动试点工作以来，智慧城市的试点城市不断增加，到2016年底已将近600个，其中前三批试点城市数量共计290个。2016年我国提出了建设"新型智慧城市"，到2017年我国启动新型智慧城市建设的城市占地级及以上城市的73.68%。目前我国各省市和自治区均已有了智慧城市建设的试点城市。笔者对我国智慧城市建设试点进行梳理，发现了以下特征。

（一）智慧城市建设试点数量继续增加

自建设智慧城市在我国开展以来，住建部先后发布了三批智慧城市试点名单。2013年1月第一批名单发布，共有90个城市（区），包括37个地级市，50个区，3个镇；2013年8月第二批名单公布，共计103个试点；2014年第三批名单发布，共有97个，其中新增试点84个，扩建试点13个。如今，住建部已经公布了290个智慧城市试点。若将科技部、工信部、国家测绘地理信息局、发改委所确定的智慧城市包含在内，我国已有将近

800 个智慧城市试点（其中部分有重叠）。

（二）智慧城市试点建设区域不均衡

在区域分布上，290 个由住建部确定的智慧城市中东部地区占比最多，最为集中的在华东地区。据统计，山东共有 27 个智慧城市试点，数量最多，比江苏省多 7 个；安徽省 15 个；浙江省 14 个；上海市的智慧城市试点区域目前仅为浦东新区。在华北地区，河北省有 13 个试点，作为我国政治与经济中心的北京有 11 个试点。在华中地区，河南省与湖北省的试点相同，均为 11 个，湖南省有 16 个智慧城市，处于领先地位。在西南地区，主要以四川省为主，共有 12 个试点，有成都、宜宾、雅安等。从区域分布来看，我国已初步形成了四大智慧城市群，分别是环渤海智慧城市群、长三角智慧城市群、珠三角智慧城市群和中西部智慧城市群。环渤海智慧城市群主要包括北京、天津、大连、青岛、济南；长三角智慧城市群主要有南京、无锡、上海、合肥、杭州、宁波；珠三角智慧城市群包括广州、佛山、深圳、厦门，中西部智慧城市群有西安、成都、重庆、武汉。

（三）PPP 助力智慧城市建设发展，BOT 模式占主流

自国家提出智慧城市建设之后，住建部批准的试点城市越来越多。在政策的鼓励之下，各省市和地区加快了城市信息化发展的脚步。近年来 PPP 模式也因得到了国家政策的保护而蓬勃发展。2016 年《关于在公共服务领域深入推进政府和社会资本合作工作的通知》提出，要大力实施公共服务领域的供给侧结构改革。智慧城市的主要目的是为经济民生服务，在建设资金的大量需求下，智慧城市与 PPP 模式形成了很好的互助模式。一方面减小了城市建设的资金压力，另一方面为社会资本提供了更宽广的平台。

截至 2018 年 11 月 30 日，财政部政府和社会资本合作中心项目库数

据显示，有45个智慧城市进入了准备、采购、执行和移交阶段。单个项目资金额度从几千万到数十亿不等，整体项目金额较大。根据汇总，45个项目投资金额共338.1亿元，平均单个项目金额达到7.51亿元。

从PPP项目的区域分布来看，山东省智慧城市PPP项目数量位居全国第一，共有7个，这与山东省智慧城市试点数量全国第一的情况相一致。湖南省有6个PPP项目，位居华中地区第一，全国第二；江苏省位居第三，有4个PPP项目。总的来说，PPP项目的区域分布与智慧城市的区域分布较一致，华东地区占主导地位。

四、我国智慧城市建设落地案例

（一）深　圳

深圳经济技术水平高、信息人才集中，在智慧城市建设中具有领先优势，现已是宽带中国示范市和国家一流信息港。良好的基础设施和软件开发能力以及高水平的互联网普及率为深圳智慧城市的建设提供了良好的基础。

1. 打造城市大脑，建立城市指挥中心

平安、华为、腾讯等一批本土企业，作为中国最具创新能力和国际竞争力的互联网企业代表，为深圳智慧城市的建设提供了强有力的智力支撑。华为提出的"智慧城市神经系统——城市运营中心"的概念，将云计算、大数据、物联网、移动互联网、人工智能等技术与城市场景深度融合；腾讯通过整合"互联网+"合作事业部，开放人工智能、大数据、云计算、LBS（基于位置服务）、支付等基础技术能力的共享。

2018年，由华为和艾比森联合打造的智慧城市大脑最重要的子项目之一，投资5亿元，总面积1.7万平方米，集城市运行管理、视频会议、智

慧城市体验展示、政务数据机房于一体的"深圳智慧城市大脑"已进入试运行阶段。2019 年 12 月 31 日，由中建科工集团有限公司承建的深圳市第三代指挥中心项目地上钢结构开吊。深圳第三代指挥中心将成为深圳进行突发事件处理、维护公共安全的城市大脑。

阿里巴巴副总监王坚在 2018 年的云栖大会上提出：没有城市大脑，就没有智慧城市。城市大脑是一个城市的中心管理平台。深圳城市大脑的建设标志着深圳智慧城市的建设从项目级向城市级迈进。

2．以大数据为支撑，建设智慧政府

国务院颁布的《促进大数据发展行动纲要》在深圳市较好地得到落实。这极大地推动了大数据的完善与应用，同时政府的社会治理和公共服务水平也在大数据条件下得到了提高。

一是基础信息资源库在全市基本建成，主要包括房屋、法人、人口、空间地理等信息。同时还做到了房屋编码、法人机构代码、人口身份证号码等"三码关联"，它还结合了空间地理信息，可以直接掌管管理对象的分布情况和服务资源配置情况。在卫生医疗社康中心设置、教育学位配置、公共交通线路规划等方面也可以为政府提供科学的建议。

二是大数据的充分利用可以提高政府的服务水平和治理水平，例如根据企业信用大数据，市场和质量监管委可以根据经营、风险、关联、贡献、鼓励等五个指数，实现对前海蛇口自贸区几万家企业的评价评估，以更加迅速地找出风险企业，有效地进行事前监管。通过大数据，市地税局对八大类数据即税务登记、申报征收、发票票证、财产项目、第三方数据、历史系统数据等进行纳税风险分析，改进和完善服务和监管水平。市人力资源和社会保障局为了提高医保审核效率，利用大数据分析技术，建立了贯彻事中、事后的医保审核机制、同时也为医保政策评估和决策提供了数据支持。通过大数据分析，市卫生计生委对疾病控制，医疗服务展开决策分析，并可以对高血压、乙肝和肝癌等疾病的发展规律进行预估。通过大数据分析，市交警局可以做到对交通违规的精准打击。

三是对政务数据的开发起到了推进作用。目前全市统一的政府数据平台已开放，12个重点领域（如交通、公共安全、经济建设等）的550余项数据集、450余万条数据，都已免费、集中向公众开放。同时，为了吸引社会力量和强化对政府数据的发展利用，深圳市举办了多次城市数据创新大赛。

四是加强政务信息共享，提升信息惠民服务水平。深圳市是第一批信息惠民国家试点城市，也是我国仅有的一个政务信息共享示范市。信息化和信息共享在深圳得到积极推广和利用的同时，政府管理和服务模式也得到了创新，信息惠民服务得到了改进。《深圳市政务信息资源共享管理办法》的制定和实施，遵循的基本原则是共享，并就共享政务信息提出了相应的管理制度，即"负面清单"，在创新服务模式和社会管理时要充分利用单位的共享信息。政务信息共享平台建立后，联通了全市10个区和59家市级单位，日均数据交换量将近500万条，为跨部门业务协同和政务信息共享提供了有效支撑。

比如在办理通知、批复、证照等业务的过程中，市政部门通常需要其他部门提供信息。这就需要在信息共享条目中将这类信息包括进去。提供信息的单位也需将这些信息在共享平台上共享。为了实现信息共享与利用，深圳市采用"倒逼机制"，同时在社会管理和对公服务方面实行创新，逐渐打破没有证明材料不能处理事务的传统。

3. 提供多渠道、多模式便民服务

深圳市经贸信息委建成了互联网惠民服务平台，通过该平台，市民可实现一站式社保、公积金、公共事业缴费信息查询；交通运输委建成"交通在手"平台，为市民提供交通状态信息，对全市路网、小区进行监控；社会保障局的"城市服务＋互联网"实现了医保消费移动支付；"健康深圳"为市民提供医院的预约挂号服务；市公安局的自助出入境申请，可在网上完成自动办理。

4. 智慧产业生态处于国内先进水平

深圳市是全国电子信息产业的重要基地，有腾讯、华为、中兴等全球领先企业，有深圳华强电子信息产业中心。深圳还形成了智慧城市产业集群，目前已有物联网领域的远望谷、优博讯，大数据领域的华傲数据，云计算、人工智能领域的腾讯、华为、中兴和深信服等，互联网金融领域的微众银行、平安金管家；百度国际总部、华南总部及研发中心，以及阿里巴巴国际运营总部、云计算中心也已相继落户深圳，形成了"互联网＋"产业集群。

（二）北　京

北京作为我国的首都，是全国的政治、文化中心，也是世界著名的古都和现代国际城市。截至 2019 年，北京市常住人口已达到 2153.6 万人。北京的智慧城市建设以"人文北京、科技北京、绿色北京"为战略指导，结合"国家首都、国际城市、文化名城和宜居城市"的城市定位，充分发挥现代科技的优势，坚持以人为本的管理理念。可以说，北京的智慧城市建设是全面而系统的。

北京的智慧城市建设是在《智慧北京行动纲要》指导下进行的，包括城市智能运行行动计划、市民数字生活行动计划、企业网络运营行动计划、政府整合服务行动计划、信息基础设施提升行动计划、智慧共用平台建设行动计划、应用与产业对接行动计划、发展环境创新行动计划等八大行动计划。

1.建立服务导向型的智慧城市

"智慧北京"的建设定位为服务导向型,一是建立城市交通智慧管理系统,缓解城市交通拥堵问题。如海淀区"城市大脑"平台整合了区域内各政务系统,通过一张感知神经网、一个智能云平台、两个中心(大数据中心、AI 计算处理中心)、N 个新应用,进行数据的共享,在交通领域,该系统拥有 8500 多路摄像系统采集车辆信息,实现了对危化品车辆、渣土车辆等的有效管控;在网格化管理服务和社会治安防控体系方面,重大逃逸案件的侦破率近 100%。

2.示范先行、逐步完善的建设模式

"智慧北京"是一项涉及面广、投资额大、复杂的系统工程,涉及城市多个主体、多产业、多领域,这决定了智慧城市的建设不能全面铺开。北京市在智慧城市建设中,采取了"示范先行、逐步完善"的建设模式,先建设一批示范区,如示范园区、示范社区,逐步完成城市智慧化的全面推广。

(三)上　海

上海是中国第一大城市,是中国大陆的经济、金融、贸易和航运中心,良好的地理位置使其在较长一段历史上都是经济实力和发展水平最高的城市,有良好的智慧城市建设经济基础条件。

1.上海智慧城市建设总体框架

上海智慧城市建设的特点是"泛在化、融合化、智敏化"。2020 年,上海智慧城市建设的总体规划是,完善新一代信息基础设施升级,推进 5G 网络市域全覆盖,完善"城市大脑"架构。

在"城市大脑"架构中,上海市将数据作为核心资源,优化数据采集质量，建立数字孪生城市，强化信息技术的集成，推进推动各部门、各区专用网络和信息系统整合融合，实现跨部门、跨层级工作机制协调顺畅，吸引各类社会主体积极参加，建立良好的智慧城市开发生态。

2. 着眼于便捷化生活，提供多场景智慧应用

上海"市民云"App 提供了一站式城市公共服务平台，市民可预约公共服务，让老百姓少跑腿，让数据多跑路，提高了生活的便捷性。电子政务云则向市民提供政务信息，发布政务数据，提供智慧便捷的公共服务。

（四）广 州

1. 力推"无线城市"建设，部署"天云计划"

广州力推"无线城市"作为建设智慧城市的基础，部署了"天云计划"，加大对云计算的投资，构建全球的云计算产业基地；将天河区作为智慧广州的示范区，建设 63 平方公里的"天河智慧城"。

2. 多样化的应用

2015 年，广州上线了微信城市服务平台，对接全国部级人口库进行互联网身份认证。近年来，广州还构建了数字地理系统，国土资源和规划委员会与二十几个市政府部门建立了合作关系，可为用户提供吃、喝、玩、乐、穿、医疗卫生、住房保障、城市交通等的数字化服务。

（五）杭 州

杭州以"城市大脑"为中枢，不断丰富智慧应用。2018 年 12 月，杭州城市大脑综合版发布，对接了交通、发改、城管、卫健、旅游 5 大系统，为城市安上了智慧大脑。

城市大脑的应用以交通为突破口，通过摄像头采集交通信息，优化路口信号灯时间分配，利用摄像头采集的图片信息，进行视觉分析，提供即时交通体验。在杭州，与交通数据相连的 128 个信号灯路口，通行时

间减少 15.3%。在主城区，城市大脑日均事件报警 500 次以上，准确率达 92%，大大提高了执法指向性。

五、我国智慧城市建设模式

建设新型智慧城市是一项艰巨的工程。在革新形式方面，政府应该有针对性地提高，比如为了满足智慧城市的经营和投融资需要，应该合理开发经营体系，同时融合多种资源，以实现产业链在智慧城市中的充分整合，从而使政府与企业协同发展，并更加有效地推进项目的进展。

（一）政府建设模式

依靠政府财政投入是此类智慧城市的主要创建形式，没有其他的运营商。通常在智慧城市创建之初，就已经普遍采用该模式，唯一的投资者只有政府。

鉴于此，创建智慧城市的所有任务，政府都应能担负。这就要求政府拥有强大的技术和财政能力，从最初信息创建的基础设施，到中期对中心项目的投资和管理，一直到后期的运营以及维护等，都需要依靠政府自身的实力来完成。

我国在社会服务方面的基础性项目建设中多采用政府投资模式。此类项目的预期盈利少、投资大、回收期长等特点导致运营商不愿意投资，所以最终只能由政府投资建设。

该模式有着诸多优势：政府可以主导或自主控制各个项目，包括使用方式和经营方式，防范风险、避免风险。政府可以省略招标、评选和中标及论证的大量时间和经费。

但是政府投资模式也有诸多不足之处，一是大量的投资给政府财政造成巨大压力，如果融资困难或资金不够充沛，可能会半途而废产生巨大损失。二是对技术和人才要求非常高。智慧城市建设需要大数据技术、互联网技术和云计算技术的支持，需要大量精通建设和运营的复合型人才，这些都是政府单独建设的挑战。

（二）政府和运营商合作建设模式

该模式是指政府和第三方合作经营创建智慧城市。该模式下虽然政府仍然占据主导地位，但与政府建设模式又有显著的不同。该模式下政府在建设初期投入部分资金启动建设，负责确定项目的整体目标和规划，并为项目提供法律和政策保障。这将为后续运营商的建设和管理提供依据，为后续建设和投资提供信心支持，促进运营商快速与项目对接开展建设并成功完成项目的创建。该模式的优点，一是政府只需提供部分资金，财政压力较小。二是经营风险和运营风险较小，政府可以将节约下的时间和精力用于保障、服务和监督。三是通过合作促成双赢。政府通过合作消除了自身在人才和技术方面的弱势，减轻了资金风险；运营商可以掌握项目获得一些利益和市场收益，调动了运营商的积极性。当然该模式也有所不足，具体表现在：一是运营商在后续阶段往往还需要选择合作伙伴，需要付出时间、精力和额外成本来综合评定企业的成本和风险；二是项目的运营和管理所需要的资金庞大且回收期长，如果运营商无法长期支持将会带来不利影响。

（三）运营商建设模式

运营商建设模式是指，在智慧城市建设当中，某一项目的开发、规划、建设、提高、维护等责任由运营商来担负，而不需要政府承担。同时，在人力、资金和技术等方面，建设方集项目的经营权与使用权于一身，独自承担着压力。政府在建设的过程中不需要承担任何工作，它和社会公众一样被边缘化了。

在这一模式下，运营商独自承担着项目的建设、运营和管理等，有利于运营商发挥自身优势。运营商可以综合利用各种社会资源，最大限度地支持项目建设，并可以以项目的具体使用和特点为切入点，向政府或公众收取相应的费用，有利于运营商回收其投成本，并获得一定的收益。

这一模式有明显的优势，一是项目的建设完全由运营商负责，运营商可以不受外部因素干预，自主决定建设模式，从而根据现实条件，保证在人才和技术方面的投资。除此之外，运营商在保证自身利益的前提下，可以自主把握项目的开展速度，以得到更多的经济利益。二是从政府层面来讲，政府与社会公众一样是项目的消费者，而不是项目的建设与运营者。这大大地减轻了政府在智慧城市建设方面的压力，有利于政府更好地做好宏观规划工作。

当然这一模式也具有明显的不足比如政府完全游离于项目建设之外，不具有管理权和支配权，对于项目的使用需要向运营商支付一定费用，且只能够依靠运营商提供的方法与途径进行使用。公众也是如此，不仅被动，且要支付的费用更加高昂。若项目的使用基于市场价格，则丧失了其为公共服务的功能。

六、我国智慧城市建设中存在的问题

（一）智慧城市建设站位不高

我国许多城市的信息产业比较薄弱，在信息化建设上，并没有制定长期的城市发展规划，也没有相关的信息化建设、信息产业发展的管理措施、政策法规或者标准规范等。有些智慧城市规范缺乏科学与权威性，智慧城市规划的实行没有得到有效监控。管理体系的不健全，成为我国智慧城市建设快速推进的最大阻碍。

还有些城市在建设智慧城市时没有制定统一的规划管理标准，缺少基础技术的支持，信息共享、数据获取以及更新机制等都无法得到有效改善和解决，缺少科学有效的智慧城市建设总体构架以及适用于不同类型城市所使用的运行模式。

在智慧城市的建设中，不能从整体的高度进行把握，尤其是不能从国家的高度进行把握，就会导致智慧城市的建设缺乏科学规划。

（二）部门整合不够

在城市的信息化建设中，存在着各部门仍然按照传统的思维各司其职、各管一段的局面，这导致了信息的割裂。如在政府服务方面，机构职能往往比较分散，各个部门分头建设了各自的信息化系统或者信息化平台，缺乏统一的规划，缺乏整合，未能形成整体的入口，导致政府部门之间的资源共享困难，整合不够。同时也造成了系统的重复建设。在智慧城市建设中，还存在着缺乏对跨区域和跨层次的统筹安排，系统或平台仅支持本区域，共享协同困难，信息化整体效果不佳等现象。

（三）信息孤岛现象严重

目前许多城市的智慧化建设重点都放在智慧硬件设施的搭建上。信息资源共享机制不完善，造成了信息孤岛现象严重。有的部门之间拒绝合作，这使得信息无法互联。每个城市都按照自身的发展战略制定建设路径，导致国家和地方存在严重的信息断裂，而智慧城市建设最重要的是实现信息的共享，需要打破信息壁垒，完善信息共享机制，完成各部门之间协同合作。智慧城市的建设应该从整个国家的角度来进行规划。另一方面是智慧城市的建设重把控轻市场，政府把智慧城市建设作为政绩工程，忽视市场需求，缺乏市场灵活度，智慧城市只是摆在城市中的空中楼阁，从而导致资源浪费，无法产生持续的经济效益，最终导致无法回收投资、城市建设不具备可持续性。

（四）重模仿轻科技创新、研发

从我国智慧城市的建设情况来看，多以政府主导，相关部门缺乏专业知识，部门创新能力差。在城市功能设计上往往采用传统的思路，智慧城市建设风格差异不大。另外，对智慧城市的认识不一致，概念不清，外延不明，这就导致智慧城市建设的内容不同，考虑的角度不一样。

（五）网络安全问题未得到重视

我国在智慧城市的建设中大量地运用了物联网、云计算、人工智能等技术。各地强调技术的应用，但往往忽视了网络安全。很多智慧城市建设方案里没有涉及网络安全的问题。应该看到智慧城市建设中涉及大量的政府信息、企业信息、行业信息、个人信息，网络安全问题不容忽视。

（六）缺乏国家层面的整体管理，智慧城市建设局面混乱

现在全国各地智慧城市的建设已经形成了地方包围中央的态势，这使得国家宏观层面的控制陷入了被动。在这种情况下应该从国家的层面上，加强对地方智慧城市建设的规划和引导。智慧城市的建设应该是基于国家层面的总体规划，开展各地区各城市的个性化建设，最后实现国家层面的智慧国家。

第三章　数据驱动与智慧城市

第一节　数据的概念

一、数　据

广义的数据是指对客观事件进行记录并可以鉴别的符号，是对客观事物的性质、状态以及相互关系等进行记载的物理符号或这些物理符号的组合，是可识别的、抽象的符号。

在计算机科学中，数据是指能够输入到计算机并被计算机程序处理的符号的介质，是用于电子计算机处理，具有一定意义的数字、字母、符号和模拟量等的通称。由于计算机存储和处理的对象十分广泛，表示这些对象的数据也随之变得越来越复杂。本书中所涉及的数据是计算机科学中的数据，指的是一切可以被计算机处理的符号。

二、大数据

大数据是一个IT行业术语，是指无法在一定时间范围内用常规软件工具进行捕捉、管理和处理的数据集合，是需要新处理模式才能具有更强的决策力、洞察发现力和流程优化能力的海量、高增长率和多样化的信息资产。大数据是随着计算机技术的发展而出现的，是一种规模大到在获取、存储、管理、分析方面大大超出了传统数据库软件工具能力范围的数据集合，具有数据规模海量、数据流转快速、数据类型多样和价值密度低四大特征。

大数据包括结构化、半结构化和非结构化数据，非结构化数据越来越成为数据的主要部分。据 IDC 的调查报告显示：企业中 80% 的数据都是非结构化数据，这些数据每年都按指数增长 60%。未来，大数据将会是社会中最重要的资源和财富之一。这是因为大数据蕴藏着巨大的能量，对政府、企业和个人都有极大的价值。在智慧城市中，大数据是智慧化的基础。

大数据技术是指在海量数据中能够获得关键信息的技术。大数据常用的技术有大规模并行处理（MPP）数据库、分布式数据库、云计算平台、互联网和可扩展的存储系统。

三、数字化

数字化是指将任何连续变化的输入如图画的线条或声音信号转化为一串分离的单元，在计算机中用二进制代码来表示。将许多复杂多变的信息转变为可以度量的数字、数据，再把数字、数据建立起数字化模型，把它们转变为一系列二进制代码，引入计算机内部，进行统一处理，这就是数字化的基本过程。

智慧城市建设中的数字化是将城市信息进行数字化，建立城市信息模型，引入计算机内容，用程序语言进行处理。

四、数据驱动

数据驱动是以信息技术手段采集海量的数据，将数据进行组织形成信息，然后对信息进行整合和提炼，在数据的基础上经过训练和拟合形成自动化的决策模型。当新的情况发生、新的数据输入的时候，系统可以使用前期建立的模型以人工智能的方式直接进行决策。在数据驱动中，信号、数据、信息、知识、智慧，一环扣一环，环环相扣，不断迭代上升，完成一个又一个决策。

数据驱动的一个价值体现是驱动决策。通过数据帮助决策，可以进行产品改进、运营优化、营销分析和商业决策，即 BI（Business Intelligence，商业智能）。

数据驱动的另一个价值体现是驱动产品智能。智能是在数据的基础上，运用算法模型，将数据处理后反馈到产品中，使得产品自身具有学习能力，并不断迭代。如采集用户行为数据，训练兴趣模型，进行个性化推荐和精准营销。

数据驱动是从分散的数据到连接的信息，再到对信息进行组织变为知识，最后是知识的应用，即使机器具有人的智慧。

总的来说数据驱动是采集数据，将数据进行组织形成信息流，在做决策或者产品、运营等优化时，根据不同需求对信息流进行提炼总结，从而在数据的支撑下或者指导下进行科学的行动。

第二节　数据驱动与智慧城市建设关系

大数据与智慧城市几乎同时出现，大数据也是人工智能的基础，当前大数据和人工智能技术为智慧城市发展提供了关键技术。数据驱动是建设智慧城市的根本出发点。

智慧城市建设本质上就是围绕数据驱动展开的，如果只是部署传感设备、搜集数据，不能算智慧城市。比如，很多城市部署了不少摄像头，通过物联网可以采集城市某个地方的图像。但只部署摄像头还远远达不到智慧城市的标准，最多算是智慧城市的基础设施建设。智慧城市要的是对采集来的图像信息进行加工分析，这就需要数据驱动，进行数据的计算和学习，最后形成可供决策的模型。

第三节　数据驱动下的智慧城市发展趋势

自 2009 年起的智慧城市建设第一阶段已经告一段落，当时的智慧城市是以传感技术为基础，以项目化的形式进行建设的。2016 年开始的智慧城市建设第二阶段，是在互联网和物联网技术逐步成熟的基础上进行的。未来智慧城市的建设将会更加复杂，将会与新兴的信息技术结合得更紧密，将会是建设全面智慧城市的开始。总的来说，智慧城市未来的建设呈现出以下趋势。

一、城市大脑

（一）城市大脑是智慧城市建设的关键

"城市大脑"是随着智慧城市的发展而来的，2016 年 9 月，阿里巴巴王坚在云栖大会上提出了"城市大脑"的设想和架构。阿里巴巴对城市大脑的定义是，以互联网为基础设施，基于城市所产生的数据资源，对城市进行全局的即时分析、指挥、调动、管理，最终实现对城市的精准分析、整体研判、协同指挥。如果把交通、能源、供水等这些散落在城市各个单元里的数据比作"神经元"，那么"城市大脑"就能将这些数据连接起来，相当于打通了"神经元系统"。城市大脑是智慧城市可持续发展的关键。城市大脑有两个核心功能：第一是作为城市的神经元网络系统，通过城市大脑，实现万物互联；第二是作为城市的云反射弧，通过系统的信息处理，实现城市服务的快速智能反应。

（二）城市大脑的建设

城市大脑是一个类人脑的巨大的复杂系统，它不是独立的，需要通过一系列的节点，将城市大脑与城市相结合。在城市大脑的建设中，应考虑城市大脑的协同效应，考虑城市之间的互联、人与物的互联。无论采用什么样的架构方式，城市大脑的核心都应是城市的中心控制系统。通过该系统进行城市数据的采集处理和反映，城市中发生的事情能够以数据的方式及时准确地反映到中心控制系统；中心控制系统经过分析后，再将数据和解决方案反映到各个系统中。城市大脑的反映种类越多、反映速度越快，城市的智慧化水平就会越高。

（三）城市大脑具备的核心能力

第一，城市大脑的硬件具有高安全性、高可靠性、高扩展性，这是由城市数据对安全可靠性和存储空间的要求决定的。第二，城市大脑具有快速、强大的数据分析能力。第三，城市大脑是资源的汇集中心，为整个城市提供可共享的资源和信息。第四，城市大脑的顶层设计中应该考虑经济、政治、文化、社会、生态五大领域，并在每一个领域下设二级、三级目录，根据五大领域和子领域构建一张脉络清晰的树状图。第五，城市大脑的组织架构需要有由上到下的纵向结构和各部门之间的横向结构。最后，数据和信息以数字驾驶舱的形式出现，通过人工智能技术、可视化技术将关键数据转化为直观的几何图形、图表，清晰有效地传达信息，使用户能够理解并获得有用信息。

（四）我国主要的城市大脑服务提供商

1. 阿里巴巴 ET 城市大脑

阿里巴巴城市大脑项目组的第一步，是将交通、能源、供水等基础设施全部数据化，连接散落在城市各个单元的数据资源，打通"神经网络"。ET 城市大脑将 AI 应用于计算、数据资源、智能、应用支撑平台，目前已经涉及城市交通、医疗、城管、环境、旅游、城规、平安、民生八大领域，面向政府、大学与科研机构、咨询公司、中小创业者及技术极客提供服务。

2. 华为城市神经系统

华为的城市大脑系统采用的也是类脑模式，称为城市神经系统。华为的智慧城市解决方案可以概括为"一云，二网，三平台"。一云指云数据中心，二网指连接人的城市通信网和连接物的城市物联网，三平台包括大数据服务支撑平台、ICT 应用平台和城市运营管理平台。其中，一云和三平台构成中枢神经系统，二网构成周围神经系统。各种应用就是在这套神经系统的基础上生长出来的各种器官，用来实现不同的功能。概括起来，华为智慧城市的建设理念是在城市构建一个城市数字平台，一个"智慧大脑"的中枢，在此基础上，接入不同行业的智慧应用，真正将各行各业割裂的数据和应用有机地整合到一起，从而展示出数据汇聚和交融的价值。

3. 海信云脑

海信城市"云脑"是面向城市的全局开放平台，在此平台上可自由接入涵盖城市治理、交通管理、交通治理、公共安全管理等领域全场景的城市管理应用，为城市管理者提供全领域的智能决策支撑。

海信城市云脑采用亿级实体规模智慧城市知识图谱技术，相当于是一座城市的"全能管家"，并提供基于语义理解的智能决策。当你需要向它"咨询"诸如"某市是否有必要开通国际航班"等城市管理难题时，海信城市云脑便会基于其丰富、真实、准确的数据资产，凭借强大的算法，向管理者秒速提供关键决策指标，一键生成决策分析报告。

云脑的决策超能力也可以服务于生活在城市中的个人。在智慧城市知识图谱架构下，还设置了交通知识图谱等多种垂直细分领域的存储搜索引擎，解决了多途径点路线规划、目的地推理、公共交通出行模糊推理的路线规划等行业难题。

二、城市信息模型（CIM）

城市信息模型（CIM，City Information Modeling）是将 BIM 对建筑的数字化建模扩展到城市领域，是对城市进行的数字化建模。CIM 并非 BIM 和 GIS（地理信息系统）的简单结合，是在进行数字化建模的过程中，将来自物联网的大数据接入城市信息平台，是大场景的 GIS 数据、小场景的 BIM 数据和物联网的有机结合。

BIM 技术是建筑的数字孪生，GIS 是城市地貌、人群特征、社会经济活动的数字孪生，物联网是通过传感设备对物的感知。

CIM 是在全面搜集城市信息的基础上，将不同维度数据整合后，建立的统一数据平台。一方面，可以通过该平台实现对城市数据的处理，再加上虚拟仿真技术和人工智能技术，可对城市任意空间的信息进行统计分析及预测。另一方面，可以通过可视化技术，实现城市数据与空间的实景对应，便于运维和管理人员迅速感知和决策。

CIM 平台还具有开放性，经授权后可以向政府、企业和学界提供数据接口，为社会提供更大的价值。目前，一些技术厂商开始构建基于"时空数据库 + 时空数据引擎 + 时空网格体系"的 CIM 系统。

三、数字孪生城市

数字孪生城市是指通过对物理世界的人、物、事件等要素的数字化，在网络空间再造一个与之对应的虚拟世界，形成物理维度上的实体世界和信息维度上的数字世界。它是城市累积数据的量变到质变，是在感知建模、人工智能等信息技术取得重大突破的背景下，建设新型智慧城市的一条新兴技术路径，是城市智能化、运营可持续化的前沿模式，也是一个吸引高端智力资源共同参与，从局部应用到全局优化，持续迭代更新的城市级创新平台。数字孪生城市具有高精度城市信息模型、全域布局的智能设施、安全高效的智能专网和智能操控的城市大脑四方面内容。

数字孪生城市的建立有助于指导智慧城市建设、评估智慧城市建设成果和运行管理智慧城市。

四、无人驾驶

目前，北京、广州、深圳、长沙等城市都陆续发放了机器人学所需的载人测试牌照，L4 级别的无人驾驶出租车队开始了常态化试运营。

从 2020 年开始，全球汽车工业将会用一个车型周期的时间，向智能电动车产业过渡。

我国此前发布的《节能与新能源汽车技术路线图》指出，到 2020 年，驾驶辅助 / 部分自动驾驶车辆市场占有率将达到 50%。日本、法国、美国等近年制定的相关法律法规也纷纷把 2020 年定为自动驾驶上路实用的节点。

第四章　智慧城市体系框架

第一节　智慧城市指标体系

一、智慧基础设施

智慧城市的基础设施是指智慧城市各系统可实现基本功能的设施。主要包括3个二级指标，8个三级指标。

（一）宽带网络覆盖水平

智慧城市的宽带网络覆盖水平，指城市中宽带网络的覆盖比例。其中包括两种形式：有线网络和无线网络，包括4个三级指标。

家庭光纤接入率：是智慧城市建设中信息化建设的核心指标。光纤接入是一种用户和局域网之间以光纤作为传输通道的交换模式。一般认为智慧城市中家庭的光纤接入率应该接近100%。

无线网络覆盖率：是指智慧城市利用无线传输技术进行信息传播的覆盖率。一般看来智慧城市的无线网络覆盖率应该超过95%。

主要公共场所 WLAN 覆盖率：是指智慧城市中商场、活动中心、地铁、铁路、院校等主要公共场所的 WLAN 的覆盖率。这一指标需接近100%。

下一代广播电视网（NGB）覆盖率：下一代广播电视网指利用网络有线电视、无线通信等技术的广播电视网络，一般来讲，智慧城市的 NGB 覆盖率应该接近 100%。

（二）宽带网络接入水平

宽带网络接入水平指城市居民宽带使用普及水平和宽带的速度水平。主要包括 2 个三级指标。

户均网络接入水平：指包括各种网络接入方式在内的，家庭能够享受到的实际带宽。30Mb 以上是智慧城市的平均网络指数水平。

平均无线网络接入带宽：指通过无线协议传输方式进行的无线网络连接的实际带宽。一般认为，在智慧城市中无线网络平均接入带宽应该超过 5Mb。

（三）基础设施投资建设水平

基础设施投资建设水平是指智慧城市对于关系智慧城市基础功能运转的基础领域进行的投资和建设的平均水平。包括 2 个三级指标。

基础网络设施投资占社会固定资产总投资比重：基础网络设施投资是智慧城市建设的基础，基础网络设施投资在社会总固定资产中的比重应该超过 5%。

传感网络建设水平：指整个社会对于传感网络和传感终端的总投入。这一投入占社会固定资产总投资的比重一般应高于 1%。

二、智慧政务

智慧城市建设最核心的领域是城市公共管理和服务，其中包括公共交通、行政行为、公共医疗、教育、环境、安防、能源保障等各方面的管理和服务，这些领域对居民生活产生直接的影响。主要包括 3 个二级指标，

14 个三级指标。

（一）智慧化的政府服务

智慧政务指政府部门以大数据、物联网和互联网为基础，对行政服务发展的水平，其中包括统筹政府各种资源、提供互通互助、高效利用的行政服务。包括 5 个三级指标。

行政审批事项网上办理水平：指通过网络办理的行政审批事项占总体行政审批事项的比例。一般来说，智慧城市通过网络办理的行政审批事项应该占整体行政审批事项的 90% 以上。

政府公务行为全程电子监察率：指对居民申请的行政许可类事项进行全程电子监察和整体行政许可事项间的比例。智慧城市建设中要求政府公务行为全程电子监察率应该达到 100%。

政府非涉密公文网上流转率：指政府的非涉密文件网上流转数和政府所有非涉密文件之间的比例。智慧城市建设中政府非涉密公文网上流转率应该是 100%。

企业和政府网络互动率：指通过网络与政府有交互行为的企业和全体企业之间的比例。在智慧城市建设中，企业和政府网络互动率应该高于 80%。

市民与政府网络互动率：指通过网络与政府进行互动的市民占整体市民的比例。在智慧城市建设中，市民与政府网络互动率应该高于 60%。

（二）智慧化的城市安全

智慧化的城市安全包括生产安全、食品安全、药品安全、消防安全、公共安全和应急安全。主要包括 5 个三级指标。

食品药品追溯系统覆盖率：指可以通过网络手段进行系统追溯的食品药品数与流通的食品药品总数之间的比例。在智慧城市建设中，食品药品追溯系统覆盖率应该高于90%。

自然灾害预警发布率：指对城市将要遭受的自然灾害发布的预警与发生的自然灾害之间的比例。智慧城市建设中自然灾害预警发布率应该高于90%。

重大突发事件应急系统建设率：指在城市的各个功能系统中，重大突发事件应急系统的建设比率。智慧城市建设中重大突发事件应急系统建设率必须达到100%。

城市网格化管理的覆盖率：指已经实现网格化的城市区域在整体城市中的比例。智慧城市网格化管理覆盖率应该高于99%。

户籍人口及常住人口信息跟踪率：指能够采集和跟踪的户籍人口和常住人口与城市整体人口之间的比率。智慧城市中户籍人口及常住人口跟踪的比率应该高于99%。

（三）智慧化的环保网络

智慧化环保网络是指利用各种网络技术、铺设各种终端（例如感知器、测量器等）对环境进行全方位、全时段的监测。主要包括4个三级指标。

环境质量自动化监测比例：指利用数字信息化手段对环境进行监测与对环境进行整体监测之间的比例。智慧城市中环境质量自动化监测率应该达到100%。

重点污染源监控水平：指对可能对城市产生影响的重点污染源监控的能力和水平。智慧城市中重点污染源监控率应该达到100%。

碳排放指标：指二氧化碳排放指标。智慧城市中的碳排放指标应该逐年下降。

新能源汽车比例：指一座城市中的新能源汽车量与这座城市汽车保有量之间的比率。智慧城市中新能源汽车的比率应该高于40%。

三、智慧民生

智慧民生是指在处理人民群众最关注的医疗、交通、教育、居住等热点难点问题时，利用大数据、云计算等手段整合信息化公共服务体系，实现信息化服务普及化，充分发挥数据和信息在医疗、交通、教育、管理等方面的巨大能量。主要包括 3 个二级指标，12 个三级指标。

（一）智慧化的交通管理

智能化交通系统是指利用网络数据、云计算等技术改善目前交通拥堵等系列难题，提高交通使用效率，对城市交通进行精细化和智能化的管理。主要包括 5 个三级指标。

道路路灯智能化管理比例：指城市道路上建设的智能路灯和整个城市所有路灯之间的比例。智慧城市中道路路灯智能化比例应该高于 90%。

公交站牌电子化率：指利用数据和具有信息化功能的电子站牌数与整个城市所有的站牌数之间的比例。在智慧城市中，公交站电子站牌的比例应该高于 80%。

市民交通诱导信息服从率：指驾车使用机动车出行的居民中，服从交通指导的居民的比例。智慧城市中，驾车出行市民交通诱导信息服从率应该高于 50%。

停车诱导系统覆盖率：指安装停车诱导系统的停车场与城市所有停车场的比例。智慧城市停车诱导系统覆盖率应该高于 80%。

城市道路传感终端安装率：指安装传感终端的城市道路占所有的城市道路的比例。在智慧城市中，传感终端安装率应该达到 100%。

（二）智慧化的医疗体系

智慧化医疗体系是指利用网络化、信息化手段为市民提供准确、便捷、安全的医疗服务的体系。主要包括 3 个三级指标。

市民电子健康档案建档率：指已经拥有电子健康档案的市民与全体市民之间的比例。在智慧城市中，市民电子档案建档率应该达到 100%。

电子病历使用率：指已经使用电子病历的医院和城市所有医院之间的比例。在智慧城市中，医院电子病历的使用率应该达到 100%。

医院间资源和信息共享率：指能够实现信息和资源的互通的医院与城市所有医院之间的比例。在智慧城市中，医院间资源和信息共享率应该高于 90%。

（三）智慧人居

智慧人居是指依托云计算、大数据等手段对居民的居住信息进行智能管理的系统。包括 4 个三级指标。

建筑物数字化节能比例：指在已经建成的建筑物中采取数字化节能降耗的建筑和城市所有建筑物之间的比例。在智慧城市中，建筑物数字化节能比例应该高于 30%。

家庭智能表具安装率：指已经安装智能水表、电表、燃气表等设备的家庭占城市所有家庭的比例。在智慧城市中，智能表具安装率应该高于 50%。

居民小区安全监控传感器安装率：指已经安装监控类传感器的居民小区占城市内所有小区的比例。在智慧城市中，居民小区安全监控传感器安装率应该高于 95%。

社区服务信息推送率：指社区的管理机构通过互联网等信息手段向居民推送的各类信息占管理机构向居民推送的全部信息的比例。在智慧城市中，社区服务信息推送率应该高于 95%。

四、智慧产业

智慧产业主要是指在智慧城市建设中，基于大数据、云计算、区块链、互联网等技术衍生出的支撑智慧城市运行的相关信息服务业。主要包括 2 个二级指标，7 个三级指标。

（一）产业发展水平

指在智慧城市建设中城市信息服务发展的总体水平。主要包括 3 个三级指标。

信息服务业增加值占地区生产总值比重：主要反映该城市信息服务业总体的发展实力和发展水平，在智慧城市中该比例应该高于 10%。

电子商务交易额占商品销售总额的比重：主要反映在智慧城市建设过程中经济运行的电子化程度，在智慧城市中该比重应该高于 30%。

信息服务业从业人员占社会从业人员总数的比例：在智慧城市中该比例应该高于 10%，且该比例数值越高证明该城市的信息产业越具有潜力。

（二）企业信息化运营水平

企业信息化运营水平是指企业利用信息化来推动自身生产经营迅速发展的能力和水平。主要包括 4 个三级指标。

工业化和信息化融合指数：代表了在智慧城市建设过程中信息化和工业化相互融合、相互促进的发展水平，此指数应高于 85。

企业网站建站率：是指已经建有网站的企业占城市所有企业的比例。在智慧城市中，企业网站建站率应该高于 90%。

企业电子商务行为率：主要是指企业在经营过程中使用的电子商务行为和整个经营行为之间的比例。在智慧城市中，企业电子商务行为率应该高于 95%。

企业信息化系统使用率：是指企业在生产和经营过程中使用信息的行为整体企业生产经营行为的比例。智慧城市中企业信息化系统使用率应该高于 95%。

五、智慧人文

智慧人文主要用于衡量一座城市的居民幸福指数，居民对信息化、数字化的认知，以及居民对基础科技的掌握。主要包括 3 个二级指标，9 个三级指标。

（一）智慧化的教育体系

智慧化的教育体系是指城市整个教育系统信息化的程度和居民通过此系统获得教育的便捷度和精准度。主要包括 3 个三级指标。

城市教育支出水平：用于衡量城市对教育的投入。在智慧城市中，财政性教育支出应该占 GDP 总值的 5% 以上。

家校信息化互动率：是指家庭利用互联网等信息技术和学校进行互动的比例。在智慧城市中，家校信息化互动率应该高于 90%。

网络教学比例：是指在教育体系中通过网络进行的教学和整体教育模式之间的比例。在智慧城市中，网络教学比例应该高于 50%。

（二）市民文化科学素养

市民文化科学素养主要用于衡量市民的科学文化程度和总体的受教育水平。包括 3 个三级指标。

大专及以上学历占总人口比重：是反映一所城市市民文化素质的中心指标。在智慧城市中，大专及以上学历人口应占总人口的 40% 以上。

城市公众科学素养达标率：是指基本科学科普知识对城市居民的普及程度。在智慧城市中，公共科学素养达标率应该高于 20%。

文化创意产业占 GDP 比重：根据联合国教科文组织的定义中，文化创意产品包含了文化产品、文化服务和智能产权三个主要部分。文化背景决定了文化创意活动，文化创意活动是一种借助科技对传统文化进行再创造、提升的活动，基础是创造者的灵感和想象力。文化创意产业属于知识密集型产业的重要组成部分。因此文化创意产业占 GDP 比重能够比较直观地反映出智慧城市的人文水平。在智慧城市中，文化创意产业占 GDP 的比重应超过 10%。

（三）市民生活网络化水平

市民生活网络化水平是指市民应用网络数据等各种信息技术方便自己生活的水平。包括 3 个三级指标。

市民上网率：是指使用网络的市民占市民总数的比例。在智慧城市中，市民上网率应该超过 60%。

移动互联网使用比例：是指使用移动互联网上网的市民与市民总数之间的比例。在智慧城市中，移动互联网使用比例应该高于 70%。

家庭网购比例：是指有网络购物行为的家庭与城市所有家庭之间的比例。智慧城市中，家庭网购比例应该超过 60%。

综上所述，归纳起来如表 4-1 所示：

表4-1　智慧城市指标体系分类及参考值

一级指标	二级指标	三级指标	参考值
智慧基础设施	宽带网络覆盖水平	家庭光纤接入率	≥99%
		无线网络覆盖率	≥95%
		主要公共场所WLAN覆盖率	≥99%
		下一代广播电视网（NGB）覆盖率	≥99%
	宽带网络接入水平	户均网络接入水平	≥30Mb
		无线网络平均接入带宽	≥5Mb
	基础设施投资建设水平	基础网络设施投资占社会固定资产总投资比重	≥5%
		传感网络建设水平（占社会固定资产总投资）	≥1%

（续上表）

一级指标	二级指标	三级指标	参考值
智慧政务	智慧化的政府服务	行政审批项目网上办理比例	≥90%
		政府公务行为全程电子监察率	100%
		政府非涉密公文网上流转率	100%
		企业和政府网络互动率	≥80%
		市民与政府网络互动率	≥60%
	智慧化的城市安全	食品药品追溯系统覆盖率	≥90%
		自然灾害预警发布率	≥90%
		重大突发事件应急系统建设率	100%
		城市网格化管理的覆盖率	≥99%
		户籍人口及常住人口信息跟踪率	≥99%
	智慧化的环保网络	环境质量自动化监测比例	100%
		重点污染源监控率	100%
		碳排放指标（逐年下降）	逐年下降
		新能源汽车比例	≥40%
智慧民生	智慧化的交通管理	道路路灯智能化管理比例	≥90%
		公交站牌电子化率	≥80%
		市民交通诱导信息服从率	≥50%
		停车诱导系统覆盖率	≥80%
		城市道路传感终端安装率	100%
	智慧化的医疗体系	市民电子健康档案建档率	100%
		电子病历使用率	100%
		医院间资源和信息共享率	≥90%
	智慧人居	建筑物数字节能比例	≥30%
		家庭智能表具安装率	≥50%
		居民小区安全监控传感器安装率	≥95%
		社区服务信息推送率	≥95%
智慧产业	产业发展水平	信息服务业增加值占地区生产总值比重	≥10%
		电子商务交易额占商品销售总额的比重	≥30%
		信息服务业从业人员占社会从业人员总数的比例	≥10%
	企业信息化运营水平	工业化和信息化融合指数	≥85
		企业网站建站率	≥90%
		企业电子商务行为率	≥95%
		企业信息化系统使用率	≥95%

（续上表）

一级指标	二级指标	三级指标	参考值
智慧人文	智慧化的教育体系	城市教育支出水平（占GDP比重）	≥5%
		家校信息化互动率	≥90%
		网络教学比例	≥50%
	市民文化科学素养	大专及以上学历占总人口比重	≥40%
		城市公众科学素养达标率	≥20%
		文化创意产业占GDP比重	≥10%
	市民生活网络化水平	市民上网率	≥60%
		移动互联网使用比例	≥70%
		家庭网购比例	≥60%

第二节　智慧城市产业体系

由于智慧城市的快速发展，应用于智慧城市的大数据、云计算、区块链等新兴技术也得到了快速的发展。这些系统与传统行业互相融合形成了一种新的产业，即智慧产业。智慧产业是一种综合性的产业，是推动智慧城市运转和发展的纽带。从国外的经验来看，智慧产业目前没有一个统一的定义。但在智慧城市的层面，可以将智慧产业归纳如下：它是以信息技术和资源为支撑，同时利用大数据、云计算、人工智能等技术，对城市发展等各种现实进行数据提炼、分析、决策，推动包括智慧城市在内的物理世界发展的产业。智慧产业有主动认知、学习、成长、创新能力。它既不是一种信息产业，也不是一种知识产业，而是一种综合的、跨领域的系统。它能够无限放大城市的空间，能够通过虚拟的数据对城市进行资源的调配，促进智慧城市的发展。

十九大以来，发展新型产业已经成为国家层面的战略目标。智慧城市的发展，有力地促进了新兴产业的崛起和发展。新兴产业成为引导智慧产业发展的主要力量。智慧产业贯穿于智慧城市建设的各个系统、各个领域、各个层面，为智慧城市的建设提供了有力的支撑。集成电路、智能终端、智能感知、计算机通信、数据采集、应用服务等五类产业基本构成了智慧城市产业体系。当前信息技术发展迅速，使得这些产业之间的界限逐渐模糊，相互交织，共同构成了智慧城市产业体系。在技术层面，云计算产业、物联网产业以及集成电路、软件、智能装备、通信设备、信息安全等产业为智慧城市的建设提供了强有力的技术保障，也是智慧产业体系的重要组成部分。此外，传统产业的发展也为智慧城市的发展和进步贡献了积极的力量。

一、智能感知终端产业

建设智慧城市的基本条件是感知层。感知层的特征是具有超强的环境感知能力和一定的智能性。工作原理是通过感知层面（包括条码传感器、无线定位智能终端等）实现对城市基础设施进行识别、信息采集、监控监测等一系列功能。对物的识别是物联网的基础，物联网的本质是完成物体信息和数据信息之间的互换。目前主要的识别手段一个是条码（二维码），一个是 RFID。

（一）条码产业

条码产业在现实生活中随处可见。例如，在商场、超市、地铁、公交、机场等区域都可以见到条码，都可以扫描条码获取信息。条码技术兴起于20 世纪中期，是一种集光机电和计算机技术为一体的高新技术。它的出现解决了信息技术中数据采集的重要问题，实现了信息的快速获取和传输，有很高的准确率。条码技术是信息管理自动化的基础。它具有信息标识和信息采集两种功能。20 世纪 70 年代以后，条码技术在全球范围内发展迅速，当前已经发展到二维码阶段，并出现了一维码和二维码结合的复合码。由于起步晚，技术力量弱，我国条形码产业比较薄弱。面对国际市场的巨大压力，条形码产业在政府的引导下采取了学习、消化、创新的基本策略。近年来，我国在条形码领域取得了一些进步，拥有了一些核心技术。当前，条形码产业发展较为迅速，在智慧城市建设中条形码产业蕴藏着巨大的商机。

（二）RFID 产业

RFID（Radio Frequency Identification）技术也叫无线射频识别或电子标签技术，它本质上是一种通信技术。它的特点是在不需要与特定目标建立机械或光学接触的前提下，可以识别特定的目标，同时可以对数据进行读写。当前比较常用的技术有低频、高频和超高频、无源等。当前射频识别技术应用广泛，比如在物流、生产制造、行李处理、邮件快递、图书追踪、动物识别、运动计时、门票收费、一卡通等方面都有应用。

就我国视频识别技术的发展来看，整体技术力量和解决方案还不够成熟。缺少专业的高水平的超高频系统集成公司。这种状况导致射频识别系统稳定性较差，经常大毛病没有小毛病不断，影响了其产业化的进程。2010 年后，虽然无源超高频电子标签等价格有较大的下降，但射频识别技术中的基础芯片价格依旧偏高。过高的价格对射频识别技术的推广和应用形成了一定的阻碍。

随着智能城市的发展，人们对射频识别技术的需求越来越迫切，而全球范围的射频识别市场也持续升温并出现了高速上涨。据不完全统计，截至 2019 年全球射频识别市场已达到一千亿美元。许多国家高度重视射频识别技术的发展。例如，美国、欧盟、日本等国家都对射频识别技术投入了大量的人力、物力和财力。目前我国射频识别市场还处于初步发展阶段，还有大量的核心技术没有突破，商业应用还有许多的阻力，还需要政府和企业共同努力，为射频识别技术的发展和应用提供良好的环境。

（三）传感器产业

传感器实质上是一种检测设备。它的特征是通过获取被测量物的信息，将获得的数据和信息按一定的程序转换为包括电信号在内的其他信号或形式进行输出，用来满足信息的显示、记录、存储、传输的需要。它是实现自动控制和自动检测的第一环节。

1. 主要功能

传感器具备与人相似的五大功能。

视觉功能——光敏传感器；

听觉功能——声敏传感器；

嗅觉功能——气敏传感器；

味觉功能——化学传感器；

触觉功能——压敏、温敏、流体传感器。

2. 敏感元件的分类

通常据其基本感知功能可分为热敏元件、光敏元件、气敏元件、力敏元件、磁敏元件、温敏元件、声敏元件、放射线敏感元件、色敏元件和味敏元件等。

3. 主要特点

传感器有微型化、智能化、功能化、系统化、网络化、数字化特征。它是建立新型工业的基础，促进了传统产业的升级和换代，是 21 世纪新的经济增长点。

4. 主要应用

环境保护、医学诊断、生物工程、工业生产、宇宙开发、海洋探测、资源调查，甚至文物保护等领域都离不开传感器，传感器早已经渗入人类社会的各个方面。

传感器技术是现在信息技术的三大支柱之一，是现在科技的前沿技术。传感器技术的高低可以直观衡量一个国家的科学技术发展水平。传感器产业具有非常高的发展潜力，技术含量高，经济效益高，渗透力也非常强，具有非常广的市场前景。近年来我国传感器技术取得了很大成绩，传感器产业也得到了快速的发展。具体表现：一是建立了一系列研究开发基地，包括微米/纳米国家重点实验室、国家传感技术工程中心、传感技术国家重点实验室等；二是政府积极引导传感器技术研究项目列入国家高新发展重点项目；三是在国家重点科技攻关项目中，有 51 个品种 86 个规格的新产品由传感器技术取得；四是传感器产业和敏感元件产业得到了快速的发展，并且在科技、民生、军事等领域进行了广泛的应用；五是社会资源的不断加入推动了传感器产业的快速发展。当前全国已经有超过 3000 家企业从事传感器的研究开发和应用，预计未来十年，传感器和敏感元件的总产量有望突破 40 亿，销售总额将超过千亿，成为推动我国经济增长的新生力量。

（四）位置感知产业

地球上的所有事物都具有自身的地理位置。位置感知是获取地理位置的过程，可以通过一种或多种定位系统来获取。目前位置感知系统分为三种，一是包括美国 GPS、中国北斗、欧洲伽利略等在内的全球卫星定位系统；二是包括 Wife、RFID、ZigBee、Cell_ID 等在内的无线定位系统以及导航系统。定位技术相对复杂，每项技术都有自己的应用范围。将定位系统集成综合使用可搭建地上到地下、从室内到室外的一体化位置感知体系。卫星定位测量技术以 GPS 为代表。它的特点是高效、迅速、准确，能够提供点线面等要素的准确三维坐标或其他信息，具有高精度、自动化、全天候、高效益等特点。卫星定位测量技术广泛地应用于测量导航、军事生活、考察、土地农业等多个领域。随着数据技术的发展，通信技术和卫星定位测量技术紧密结合，使测量技术实现了从静态到动态的发展，实现了从数据处理后呈现信息到实时定位导航的发展，大大扩展了卫星定位测量技术应用的深度和广度。GPS 全站仪广泛应用在工程地表测量、土地测量等方面。其巨大的优越性显示在精度、效率、成本等方面。以 GPS 为代表的导航卫星应用产业成为与互联网产业、通信产业、互联网产业、移动通信产业并肩的 IT 产业之一，有效促进了经济的发展。

（五）智能终端产业

移动智能终端快速发展得益于计算机技术、移动通信技术、微电子技术和位置感知技术的快速发展。这些技术的发展使体积更小、重量更轻、耗能更小、携带更方便的移动智能终端得以研制和生产。智能终端通过软件的运行为内容信息服务提供了广阔的平台，可以就此开展很多增值业务。例如新闻、天气、交通、股票、商品、音乐等。同时结合日益发展的 5G 通信技术，智能手机必将成为一种功能强大的集通话、信息、服务、娱乐为一体的综合型终端设备。

未来是移动智能终端的时代，智慧城市的发展离不开智能移动终端的发展。移动智能终端的发展包括两个主要方面：电子商务和应用办公。移动智能终端不仅可以给人们提供支付、查询等功能，还可以为人们提供移动办公、移动数据查询、移动资料存储等功能。由于云计算技术的出现和发展，在智能移动终端上不需要储存大量的资料，也可以实现海量资源的储存与查询。这为移动智能终端提供了技术保障。大量信息的发布都可以通过移动智能终端体现。但就目前的使用情况来看，垃圾数据、数据滥用、安全性能较低成为智能终端发展的重要难题。我们要面向未来，积极探索制定相关的规范，促进智能终端技术的良性发展。

二、计算机和通信产业

信息网络、计算机、大数据、人工智能及物联网、云计算等技术组成了智慧技术。智慧技术是智慧城市的血液和骨骼。

（一）计算机产业

计算机产业的特点是节省能源、节省资源、附加值高，对知识和技术有着很高的要求。计算机产业是一种新兴产业，对经济的发展、综合实力的进步和社会的进步都产生着巨大的影响。各国都非常重视计算机技术。计算机产业由计算机制造业和计算机服务业组成。计算机服务业也可以称为信息处理产业。

1.计算机制造业

计算机制造业由计算机系统外围设备终端以及各种元件、器件和有关装置组成。计算机是一种工业产品，具有较高的性价比和综合性能。其产品有一定的继承性，主要体现在计算机上使用的软件的兼容性方面。这种兼容性可以将旧软件用在新的计算机上，保留软件的使用价值，节省用户的资源。计算机产品更新的动力是不断提高计算机产品的性价比。计算机产品包括硬件系统和软件系统。通常软件系统只代表基础的操作系统。如果要实现专业性的计算机应用，还需要额外对应专业性软件。同时，计算机的维护和运行也需要有专业知识的人员进行。

2.计算机软件业

软件产业是指研究和提供软件的企业。在 20 世纪 90 年代，软件行业是风险投资的主要方向，互联网崛起后才将其取代。一大批世界性的行业巨头，通过发展软件产业而建立，比如微软和 IBM。目前微软市值已经超过一万亿美元，成为世界上首屈一指的软件供应商。

软件产品一般分为四类：硬件＋嵌入式应用软件；硬件＋操作系统＋通用型软件应用软件；硬件＋操作系统＋基础件＋通用型行业应用软件；硬件＋操作系统＋基础件＋业务基础件＋复杂型行业应用软件。

市场需求主要包括三个部分：软件服务（为一个客户编写软件，无知识产权）；软件产品（编好软件，要卖给许多个客户，有自己的知识产权）；自给软件（企业为自己应用或者为自己配套产品开发的软件）。

当前我国的软件产业一直处于一个高速增长的状态，我国已经成为软件市场规模仅次于美国的世界第二大国。虽然软件市场规模庞大，但还不是软件强国。我国的软件市场对国外软件产业还有很大的依赖，其中很大的市场份额被国外软件产业夺取。当前我国软件产业的状况是企业数量很多，但是规模普遍偏小，技术水平很低。同时，软件产业较为集中地分布在北京、上海、广东等发达地区。这些地区的软件产业收入占全国软件产业收入的 1/2 以上。

（二）移动通信产业

从移动通信产业的发展历程来看，基本上十年就可以更新换代一次。从 1G、2G、3G、4G 直到 5G，我国一直致力于提高峰值速率和频谱利用率。当前我国移动网络用户绝大部分已经使用 4G 通信网络。4G 通信网络能为用户提供高速率、高质量、稳定的信息服务，可以有效提升通信资源利用率，降低能耗水平。使用 4G 连接移动网络的移动终端机器，可以在高速移动的状态下达到 100Mbps 的速率，这比 3G 整整高了 50 倍。当前 5G 技术逐渐成熟。联通、移动、电信等各大运营厂商纷纷推出基于 5G 技术的手机。因此将会有越来越多的功能强大的、速度更快的、利用率更高的移动软件和移动系统问世。5G 技术对于移动网络、云计算、大数据、区域链等技术来说是一次突破性的革命，也是推进智慧城市建设的中坚力量。

当前我国的通信制造企业在产品开发和产业化方面已经逐渐走向成熟，已经具备了相对完善的设计、制造和研发能力。软件系统和硬件产品已经和国外的各大企业站在同一水平线上，具备了很强的国际竞争力。特别是近几年，华为 5G 技术的开发和应用更是达到了世界的领先水平。

新一代信息通信技术蕴含着巨大的能量。新兴信息通信技术可以有效地促进新业态和商业模式的有效融合，既能满足人们越来越高的服务需要，也能推动经济发展，给新兴信息技术产业注入无限的活力，成为推动智慧城市发展的重要力量。

1. 光通信产业

光通信从本质上讲是以光波为载体的通信，构建全光网络是未来传输网络的最终目标。具体内容是，在全网络包括接入网、骨干网和城域网完全实现光纤传输代替铜线传输。光纤传输技术的理论数据可以达到 560Tbit/s。当前，光传输容量在实验环境下已经可以达到 100Tbit/s 的容量。光纤光缆作为科技密集型产业，光纤通信作为各种通信网的主要通信方式，在信息高速传播网络的设计和建设中起着非常重要的作用。世界发达国家一直把光纤通信放在发展的重要地位。

乔治·吉尔德曾做过这样的预测：未来 25 年，主干网的带宽将以每六个月增长一倍的速度增长。它的增长速度将是摩尔定律预测的 CPU 增长速度的三倍。当今，世界知名电讯公司都致力于大量铺设缆线，不断增加带宽，使上网的代价相应降低。在美国，已经有很多企业向用户提供免费的上网服务。当今不仅仅陆地上有光缆，在大西洋、太平洋的海底也有大量的光缆。这些光缆连通了整个世界，使全球通信变得非常快捷。现在很多发达国家把光缆铺设进住宅，实现了家庭办公、娱乐光缆的全连通。

2. 网络运营商

网络运营商是指网络的提供者。在我国，网络运营商主要有移动、联通和电信三家。网络运营商还包括网络网站的运营。网络网站应用运营包括网站宣传推广、营销管理维护操作等。其中网站的推广和维护是重中之重。主要包括，策划和发布网站内容，对推广网站的各种方法进行有效的实施和追踪，检测网站的流量并对流量数据进行分析，提出网站改进建议，等等。

3. 网络信息服务产业

网络信息服务产业也被称为因特网网上信息服务产业，具体内涵是信息机构、合作行业在网络环境下，利用通信网络和计算机等技术从事信息数据的采集、存储、处理、传递等活动。它的目的是将有效的数据提供给需要的用户，为用户提供快捷方便的服务，进一步解放人们的生产力。当前网络信息服务的盈利模式主要有：广告费、会员费、经纪费、联盟收益等。著名的公司包括谷歌、新浪、腾讯、百度等。

4. 云计算产业

云计算是一种新型的信息技术，它的发展必将催生全新的产业模式。云计算产业以推动产业创新和生态发展为指导思想对企业进行云计算的创新实践。

三、集成电路产业

集成电路作为微型电子器件，是典型的技术密集型、知识密集型、资本密集型和人才密集型的高端科技产业。经过几十年的努力，我国集成电路产业发展迅速，已经形成了集研发、设计、产业化为一体的综合发展格局，集成电路产业链基本形成。加强集成电路制造、封装关键设备和新工艺、新器件方面技术的学习吸收和再创新、再发展，是我国集成电路产业发展的基本策略。围绕集成电路产业，加强对拥有自主产权的产品的开发，积极打造自有系统，努力形成集成电路研发、设计、制造、封装、测试和半导体化学材料为一体的产业链，是促进我国集成电路产业快速发展的基本途径。

进入 21 世纪以来，依托下游广阔的市场，我国的芯片行业得以迅速发展。2016 年我国集成电路行业市场规模达 11985.9 亿元，同比增长 8.7%，规模及增速均领跑全球。从结构上看，网络通信、计算机和消费电子依然是国内集成电路占比最高的领域，三者占比之和超过 75%。从增速上看，汽车电子和工业控制领域是增速最快的领域，汽车电子的增速达到 34.4%。但总体来看，我国集成电路产业尚处在发展初期，集成电路自给率仅为三成，进口额居高不下。据海关总署数据，2017 年我国集成电路进口金额为 2601.6 亿美元，同比增长 14.6%。2018 年上半年我国集成电路进口金额为 1467.05 亿美元，同比增长 13%。当前集成电路国产化需求强烈，进口替代空间大。

四、信息采集与加工处理产业

利用计算机和通信技术对数据和信息进行收集生产处理、加工、存储、传输和利用是信息服务业的主要内容。信息服务业为社会提供综合性的服务。它的核心是服务者以自身的技术和策略帮助信息用户解决问题。从劳动者的劳动性质看，生产行为、管理行为和服务行为构成了这些行为的主要内容。信息实现市场化、商品化、社会化和专业化的关键是信息资源的开发利用。信息资源的开发利用主要分为三大类：信息传输服务业、信息技术服务业、信息资源产业。

五、行业应用产业

智慧城市建设的主要驱动力是行业应用。信息服务业的主体是计算机应用产业，也是智慧城市应用体系的主要实施者。

（一）计算机系统集成产业

随着社会的发展，各个领域对计算机系统的应用都越来越广泛和深入。计算机系统集成市场在我国发展迅速，许多部门和地区先后推出了一系列通信网络工程和电子信息工程。当前，市场对电子信息系统提出了很高的要求，形成了一大批专业素质技术层次较高、涉及专业宽、技术力量比较雄厚的系统集成公司。例如，基于银行清算业务的银行电子清算系统集成、基于铁路列调业务的铁路调度系统集成、基于酒店业务的酒店电脑管理系统等。计算机系统必须与用户结合，从用户的需要出发，才能开发出用户满意的产品。当前智慧城市的发展大大促进了计算机集成产业的发展。

（二）地理信息系统产业

地理信息系统产业是以信息技术和现代测绘技术为基础的一门综合性产业。它不仅包括 GIS 产业、航空航天产业、卫星定位、导航产业，还包括测绘和信息技术等专业领域、专业技术。此外还包括 LBS、地理信息服务和很多新兴技术的应用。地理信息产业是当今社会公认的高新技术产业，市场需求和发展前景非常广泛，并深入我们的生活，为我们带来很多便利。例如电子地图、遥感影像、卫星导航等。这些基于地理信息产业链的新生事物正在快速发展并改变我们的生活，同时取得了显著的社会效益。地理信息系统的基础是地球数字化，它能涵盖整个地球的超量信息，是一种将地球信息数字化的前沿技术。目前全球 GIS 技术年增长率高达 35% 以上。

地理信息技术是推动智慧城市发展的重要技术之一。当今智慧城市对地理信息的服务模式、生产模式和创新模式提出了更高的要求，地理信息应用和产业化模式也发生了巨大的变化。

（三）导航与位置服务产业

导航与位置服务产业已经成为发展最快的新兴产业之一。近年来连续保持着 50% 以上的快速增长势头。

作为新兴高科技行业，中国卫星导航定位应用市场起步较晚，2000 年后，伴随着 GPS 系统从军用转入民用并在全球市场的开放才迅速发展起来。目前，中国卫星导航定位应用市场以消费应用为基础，专业市场应用领域正在逐步扩展和深入，市场规模不断扩大。

根据中国卫星导航定位协会发布的数据显示，2016 年我国卫星导航与位置服务产业总体产值已突破 2000 亿元大关，达到了 2118 亿元，较 2015 年增长 22.06%。其中，包括与卫星导航技术直接相关的芯片、器件、算法、软件、导航数据、终端设备等在内的产业核心产值达到 808 亿元，北斗对产业核心产值的贡献率已达到 70%，国内行业市场中，北斗兼容应用已经成为主流方案，大众市场正在向北斗标配化发展。

在我国卫星导航设备市场中，专业应用领域和消费应用领域占据绝大部分。在各分类应用业务中，车辆监控、信息服务、车辆导航、个人跟踪占据了 85% 的份额。而作为专业行业应用的授时、海用、测绘、军用类业务占据份额较少，只有 8%。总体来看，卫星导航技术进入我国的时间虽然不长，但随着市场的发展、技术的进步，我国导航与位置服务产业正逐步成型，一个完整的产业链正在形成。我国《国家卫星导航产业中长期发展规划》提出，到 2020 年，我国卫星导航产业规模将超过 4000 亿元，北斗产业规模将要达到 2400 亿，北斗的逐步完善将成为我国卫星导航产业发展最核心的推动力。

（四）智能交通产业

快速准确地进行交通数据处理分析决策和调度的系统叫作智能交通系统。智能交通系统能有效地解决交通问题，推动社会经济效益增长，在解决交通拥堵、减少交通事故、改善交通环境方面作用突出。近几年国内智能交通产业进入快速发展期，政府对智能交通的投资以每年 20% 的速率增长。智能交通分为城市道路、高速公路和城市轨道交通三个部分，这些区域都是资本投资的热点区域。当前城市轨道交通智能化管理系统是发展最快的细分市场。

作为高新技术产业的智能交通产业具有较强的综合性，具备三个主要特征：

一是具有复杂性特征。智能交通产业价值链需要多个组织多个行业参与。在智能交通系统的运行过程中，数据的采集、加工、分析和传送都离不开通信技术、信息技术和完善的信息网络。而对数据和信息的处理也要借助计算机、微电子和系统软件来完成。

二是智能交通产业具有较强的交叉性。它的基础是跨学科跨领域的多种科学技术、多种科技，科技的互相关联性必然导致产业链之间的交叉性。例如，当前智能交通所涉及的领域有机电行业、汽车行业、计算机行业、软件行业、服务行业等。这些产业链之间的相互交叉形成了非常复杂的网络，所以智能交通系统涉及经济发展的很多部门和很多产业。

三是智能交通产业具有较强的区域性。交通产业价值链需要各个产业的配合才能形成，这要求各个产业必须在地理位置上相对集中。这样的产业布局模式一方面有利于集中科技力量资源和金融力量为智能交通产业链的发展提供有力的推动力；另一方面，方便加强各个产业和领域之间的协调与配合，从而形成规模效应。

（五）智能安防产业

智能安防产业包括防盗报警对讲门禁、监控等几个方面。安防产品广泛应用于公安、邮政、交通、电力、煤矿等行业，其中视频监控系统处于安防产品的核心地位。其他的系统都要与视频监控系统结合才能够形成相应的功能。高清化是视频监控系统的趋势，近年来高清摄像功能有大幅的提升。智能化也是高清摄像的一大发展方向。近年来，国内安防行业市场规模快速发展。随着智能化成为行业大趋势，智能安防也逐渐成为安防企业转型升级的方向，在安防行业中的占比将越来越大。据中商产业研究院发布的《2019 年智能安防市场发展前景及投资研究报告》显示，2018 年中国安防行业市场规模在 6600 亿元左右。其中，智能安防行业市场规模近 300 亿元。预计在 2020 年，智能安防将创造一个千亿的市场，这也将是安防领域不可小觑的市场。

由于感知技术互联互通技术、智能数据处理技术的发展，图像压缩技术、芯片处理技术、智能分析技术、大容量存储技术、无线接入技术这些关键技术被广泛应用在安防系统中，安防系统向着智能化、网络化、数字化、集成化的方向快速发展。目前，视频监控系统已经基本实现由 DVR 核心系统向 NVR 核心系统的升级。NVR 可以将数据以 ip 包的形式进行网络传输，从而形成视频信号的网络化。例如，安防公司研发的平安一家、5G 智能无线网络平台等系统和智能家居系统，将各类信息进行有效整合，将家庭的信息和社区的治安无线网络系统联系起来，一旦发生问题可以全网反馈，对盗窃、漏电、漏水等安全隐患，可以起到很好的预防作用，保证了家庭的生活安全。

安防行业经过多年的发展，已经形成较为完整的产业链。在安防产业链中，硬件设备制造、系统集成及运营服务是产业链的核心，渠道推广是产业链的经脉。其上游包括视频、算法提供商以及芯片制造商，中游包括软硬件厂商、系统集成商和运营服务商，下游终端应用则包括政府（平安城市）、行业应用和民用。

（六）信息安全产业

继陆、海、空、太空之后，网络已经成为第五维战略空间，网络安全已经成为国家安全的重要组成部分，我国将发展自主可控的信息安全产业作为基本国策。当前我国信息安全产业已经具备了一定的防护、控制监控、分析处置能力，技术能力和市场潜力得到了很大的提升。特别是2010年后，在政府的主导下，企业积极参与信息安全产业的发展，本土企业实力大大加强，安全产品的结构日益丰富。内网安全、外网信息交换安全和网络边界安全等领域的技术发展迅速。在安全标准、安全硬件、安全软件和安全服务等方面，我国企业的竞争力不断增强。

在市场需求方面，信息安全产品行业需求突出。银行、政府、电信、能源、国防等是信息安全需求比较大的行业。证券、教育、交通、制造业等新兴市场对信息安全也有较强的需求力。这些需求的不断增加，使信息安全市场不断扩大。随着技术的发展，防火墙成为信息安全产业最大的细分市场。据统计，2019年防火墙市场规模已经达到500亿元，占安全市场1/3的份额。与此同时，安全管理、身份认证等安全服务也快速发展，成为信息安全产业中的重要力量。

虽然近几年我国信息安全产业发展迅速，但是就现阶段来看，我国在信息安全产业研发、应用和产业化等方面与先进国家还有着比较大的差距，产业链还不够完善，组成产业链的各个环节大多还处于发展阶段，产品的竞争力比较弱。国内市场存在着低价竞争的现象，这在一定程度上不利于信息安全产业的长足发展，对品牌形象也产生了不利影响。智慧城市建设离不开信息安全产业，当前我们要将信息安全产业作为智慧城市建设的重要组成部分，通过政府引导、企业参与、金融支持等手段积极引导其快速发展。

第三节　智慧城市的信息框架

一、感知层（信息获取技术体系）

人们必须借助感觉器官才能从外界获取信息。随着社会的发展，单靠人类自身的感觉器官，已经很难获得足够多样的数据。为适应这种情况，传感器的开发尤为重要。传感器可以看作是人类感知器官的延伸，也可以称为电五官。感知层的目的是解决人类世界和物理世界获取数据的问题，运作模式是通过传感器、无线电和数码相机等智能终端设备采集外部世界的数据，将数据通过条码、蓝牙、红外等技术进行传递。

智慧城市中的感知层就像人类的五官和皮肤，主要功能是采集信息识别物体。传感器作为一种检测装置能够采集被检测者的信息，并将采集的数据按照事先输入的程序变为电信号或其他信号进行输出，从而完成信息的采集、传输、处理、分析和记录等要求。感知层是实现自动检测和自动控制的第一环节。

目前感知层应用较多的是 RFID 网络，它的运作模式是利用附着在设备上的 RFID 标签和用来识别信息的扫描仪形成数据传递的数据链。例如现在应用比较广泛的超市仓储管理系统、行李自动分类系统等，都利用了 RFID 网络。

二、网络层（信息基础设施体系）

网络层作为智慧城市的通信网络，由许多大容量、高带宽、高可靠的光网络、无线宽带网络以及互联网电信网、广播电视网等网络组成。网络层可以看作是智慧城市的信息高速路，是未来城市建设的重要基础，是信息和数据传送及接收的虚拟平台。网络层可以将各个层次的信息结合在一起，从而实现数据的共享。从计算机层面来看，网络是用线路将各个计算机联系在一起组成的数据链，目的是通信和数据共享。

网络层主要由三个方面构成：网络互联、三网融合、泛在网络。

（一）网络互联

当前多网融合是技术发展的趋势。IP 技术已经成为网络的核心技术。4G、5G、通信网络、WiFi 以及数字集群网络、卫星移动通信、专用无线通信等构成了无线接入网，局域网接入、光纤接入、无源光网络接入等构成了有线宽带接入网。

（二）三网融合

三网融合并不是三大网络（电信网、计算机网和有线电视网）物理层面的统一，而是指高新技术业务的融合。三网融合能为用户提供多媒体化、个性化的信息服务。

（三）泛在网络

泛在网络是根据人和社会的需求实现人与物、物与物、人与人之间信息和数据的获取、传递、分析、决策、使用等。泛在网络具有很强的感知和智能性，为社会和个人提供范围广泛的信息服务和应用。

三、数据层（数据基础设施体系）

作为智慧城市建设的重要资源，数据资源的整合、共享、开放、利用是智慧城市建设的中心环节。数据层是整个智慧城市数据建设的支撑环境，主要由数据访问平台和数据库两部分组成。结构化的数据和文档、音频、视频、图片等非结构化的数据涵盖各种应用数据库和基础数据库。专业数据库、基础数据库和商业数据是数据库的重要组成部分。近年来我国电子政务发展迅速，金财、金盾、金质等十多项重要业务信息纷纷建立。宏观经济、财税、国土资源等信息也得到了很好的开发和利用，政府信息、资源目录体系以及交换体系初见成效。这为政务信息资源融合和共享奠定了良好的基础。

（一）基础数据库

当前基础数据库主要包括法人单位基础信息库、人口基础信息库、宏观经济信息数据库以及自然资源和地理空间基础信息库。

1.法人单位基础信息库

法人单位基础数据库的特征是组织机构代码为唯一标识。它的功能是提供法人单位基础信息的查询和信息共享服务，涉及工商、国税、民政、编办、统计、质检等多个部门。

法人单位基础信息库包括组织机构名称、组织机构代码、组织机构地址、组织机构类型、法定代表人注册号、注册日期等信息，以及年检、变更和注销等状态信息。

市政府各部门在索引数据的基础上将自身业务的专业信息与基础数据相结合，可以形成的各自领域内的专业数据库。比如，公安部门数据库增加了各类法人单位守法记录等信息，税务部门数据库增加了法人单位缴税纳税情况等信息。

2. 人口基础信息库

人口基础数据库以公安网络和电子政务为依托，包含了人社、住建、计生、民政、交通、教育等部门和金融系统的相关信息。人口基础信息库以身份证号码为唯一代码入口。它的特点是覆盖全、功能广、资源共享，可以实现人口信息的动态采集，可为政府、企业和公民提供基础的人口信息服务。

人口基础信息库是智慧城市建设的基础，主要功能有数据管理、数据应用和数据交换等。其中数据管理功能用于变更、维护人口基础信息库的基础数据。因为以公民的身份证为唯一代码，非常具有权威性、基准性、基础性和战略性。人口基础信息库的数据交换功能，横向上可以实现与计生、劳动、民政、教育、卫生等部门的基础信息库数据互换和共享，纵向可以实现国家、省、市、区、县、乡镇层次的数据维护和业务协同。人口基础信息库的协同和共享功能可以使各级政府准确地获取数据，辅助决策。

3. 宏观经济数据库

工业、农业、金融、商业、能源、交通、财政等20个类别的计划和统筹指标共同组成了宏观经济数据库。宏观经济数据库存储了省市和国家不同年度、季度、月度的宏观经济时间序列数据，采用省市和国家分散式的管理方法。宏观经济数据库对推进信息社会化和社会信息化起着巨大的作用。

宏观经济数据库主要采用互联网传输方式和离线数据传输方式进行数据共享和交换。

由于技术落后和历史原因，与世界发达国家相比，我国上述四大基础信息库建设相对缓慢，这对政府信息资源的整合和利用，以及业务协同推进产生了一定的影响。从全国范围来看，除了自然资源和地理空间基础数据库基本建成外，其余三大基础数据库的建设和完善都遇到了许多现实困难。不仅涉及数据库建设的技术因素，还面临从宏观角度出发的许多共同问题。主要表现在以下方面。

一是数据格式的多元性。随着信息电子技术的快速发展，许多政府部门都建立了自己的信息化系统。但是就发展来看，各个部门信息化系统建设基本都是自上而下进行统筹，对于各部门间的信息共享和协同推荐很少考虑，处于一种纵强横弱的状态。因此，多部门进行数据共享时，数据格式、储存模式等技术问题上往往存在着较大的差异，导致即使进行了物理连接也很难实现真正意义上的共享。

二是信息分类多样性。由于规章制度、政策法规、行业标准等方面的影响，我国政府部门对于信息采集的分类标准和分类要求各不相同，数据项难以对应，数据共享难以实现。比如，各部门对相同数据定义的名称不同，导致实质相同的数据之间无法建立对应的关联，也无法通过软件准确地找出数据存储的位置。再比如各部门使用的数据分类方法也不相同，即使数据项可以对应，由于分类不同也不能实现共享。

三是数据结构的异构性。对信息资源进行整体规划一直是我国信息管理部门的弱项。就目前的状况来看，各系统、各省市基本按照本系统、本省市、本行业的个性化需求独自开发相应的应用系统。各系统之间缺乏沟通，总体设计、总体规划也不相同，数据结构体系各成一派，为各行业、各领域、各层次之间的数据共享造成了巨大的困难。例如，当前银行系统虽然利用了公安部门的人口数据系统，但是系统的兼容性导致公安系统数据在银行系统上不能显示，给银行业务带来很多困扰。

随着技术发展和我国政府建设的不断深入，整合各大系统的数据，有效避免信息孤岛和数据浪费现象迫在眉睫。因此，政府部门要联合各方技术力量尽快制定一套统一的数据标准，打造相连通、相推进的协同基础数据库。

4. 自然资源和地理空间基础信息库

自然资源和地理空间基础信息库作为城市空间信息基础设施建设项目，主要包括建设基础地理空间信息资源目录服务体系，全国性地理空间信息共享交换服务体系以及制定相应的规范标准、管理制度和服务技术支撑体系。自然资源和地理空间基础信息库能为用户提供以下服务。

一是基于社会和电子政务对具有地理要素特征的基础地理信息的需要，向电子政务提供基础性框架综合信息产品。

二是基于电子政务对生态资源等动态要素数据的需求，提供以遥感为手段的区域资源、环境生态等动态信息。

三是基于人与自然协调发展、区域和谐发展等方面的需求，提供与自然保护、生态环境和可持续发展等相关的综合信息。

四是基于灾情评估、防范灾害的需要，提供灾害监测、突发事件应急处理等决策支持。

五是基于主体功能划分和区域规划的需求，提供资源环境、区域规划和产品分析等相关信息。

六是基于重点项目和工程效益的需求，提供重要基础设施及工程的相关信息。

（二）专业数据库

自然资源、社会经济、环境生态等多个方面的数据构成了专业数据库。专业数据库的主要功能是为政府决策、可持续发展和社会公众提供专业的数据服务。

1. 土地资源数据库

土壤、水文、地质、地貌、气候等自然因素数据以及土地利用相关数据构成土地资源数据库。土地资源数据库作为一种信息系统，以土地评价、土地分类以及土地的规划利用和管理为目的。

2. 城市规划数据库

城市规划数据库涉及城市规划设计的每个环节，是一项巨大的系统工程。城市规划数据库所包含的数据是海量的，并随着城市的发展和进步而不断变化调整。特别是近几年来科技飞速发展，新的技术应用不断丰富着城市规划数据库的内容。所以多时相、多尺度、多层次、多类型成为城市规划信息的主要特点。从总体来看，城市规划信息的用途可以分为以下五个方面：为城市提供统一空间参考的城市基础地形图；为城市规划提供客观依据的自然资源与环境条件；为城市规划提供现实依据的经济社会发展状况；为城市规划提供空间载体的土地利用；为城市规划提供内容的城市建筑与公共设施。

3. 城市房产管理数据库

城市房产管理数据库以房屋为核心，采用先进的地理技术和网络技术，突出了房地产管理的业务特点，建立了市场分析等一整套完整的数据体系，实现了房屋的最小单元化管理，方便了各个部门联动和广大市民查询。

4. 城市管网数据库

城市管网数据库主要由给水排水、电力、热力、电信、燃气、工业管道数据组成，都是城市基础设施的重要组成，是城市生存和发展的物质基础。当前运用 GIS 技术可以有效地对城市管网进行平行和交叉等内容的综合管理。城市管网信息系统是一项巨大的系统工程，其中建立空间数据库尤为重要。建立空间数据库的基础是对城市的管网进行全面的普查，制定综合动态管理机制，实现数据的动态更新，有效地推动智慧城市建设和发展。

5.水资源数据库和气候资源数据库

水资源是城市地表水以及地下水的总量。水资源数据包括供水、用水、需水等状况和规划的数据以及相关的水文信息。气候资源数据库主要包括降水温度、湿度等信息。

6.生物资源数据库（中国森林、中国草地、野生动植物）

生物资源数据库包括森林资源数据库、草地资源数据库和野生动植物数据库。

7.农业经济数据库

农业经济数据库包括农业基本情况、生产条件、畜牧业情况、主要农作物、农产品产量和农业总产值等情况的信息。

8.环境污染治理与环境保护数据库

污染环境污染治理与环境保护数据库主要包括污染情况、水土流失及治理、三废排放及处理等相关信息。

9.导航地图数据库

导航地图数据库既包括智能交通系统，也包括定位服务应用。它的特点是数据准确性好、覆盖范围广。

（三）企业数据库

企业数据库主要分为企业信息库和企业内部数据库两部分。其中企业内部数据库主要由企业内部数据组成。例如企业的员工人数、注册信息、场地、薪酬、企业生产能力和技术类型等。企业信息库用于行业研究和普查，是国家为了掌握宏观经济状况而建设的信息库，经营情况和股东变化等情况。

在运营企业数据库的过程中，社会用户数据库也同时建立起来。比如，银行的个人储蓄数据库、通信公司的用户数据库都包含了社会用户数据库，内容涵盖用户姓名、电话、地址等。

四、服务层（信息共享服务体系）

服务平台的作用是进行数据共享交换、建设信息目录、统一数据标准，实现各行业、各领域、各部门之间的数据互联互通。服务平台将各个类型的数据库和业务库连成一个有机整体，方便客户的利用，可为客户提供有价值的信息。

建立信息资源共享系统是一个复杂的综合性问题，需要建立强有力的协调保障综合机制。除了管理体制、法律法规等方面的因素，当前还需要构建一个规范、统一、合理、科学、先进的资源共享技术体系。共享体系的建立是实现各种信息、数据良性流动、合理配置的关键。

服务平台可以解决各部门、各系统、各层次在信息资源交换共享过程中面临的主要问题例如，资源通过什么技术能够共享，资源存在什么地方，哪些资源可以共享，怎样才能共享到这些资源，等等。

服务平台的应用模式是给予各类用户平台使用权，将平台的资源分配给不同的用户使用，利用平台软件系统帮助用户构建各自的应用系统，同时实现对系统应用资源的实时监控。

信息共享服务体系可以较好地服务于智慧城市发展，广泛应用于任务执行、建模流程管理、数据访问以及调度等工作。

五、应用层（业务应用系统）

以城市空间信息为中心的城市信息系统体系叫作智慧城市的应用层。

应用层对数据进行采集、整合和应用。当前智慧城市的业务应用系统使用广泛。比如，制造体系、管理体系、公共服务体系、交通体系、保障体系、文化服务体系等，都属于业务应用系统。

六、决策层

决策层也叫作决策支持系统，主要利用城市基础数据库、各种决策模型以及各种模拟技术，以人机交互的方式对数据进行深入的分析，通过分析结果为决策者提供有力参考，是信息管理系统的更高发展，能为决策者提供模型建立、问题分析、决策模拟和方案提供等一系列帮助，可以有效地提高决策者的决策水平和质量。决策支持系统由多个系统协调组合而成，主要包括数据库、知识库、模型库等。

（一）数据库

数据库主要是指智慧城市建设中所拥有的基层数据。

（二）知识库

知识库来源于两个不同的领域。一个是人工智能的分支——知识工程领域，一个是传统的数据库领域。知识库的主要功能是：促进知识和信息的有序化，方便查找和调取；推进信息和知识的流动，有利于交流和共享；有助于实现沟通和协作；可以通过知识库对知识进行高效管理。

（三）模型库

模型是对某种事物本质运动规律的描述，一般分为两种，一种是原子模型，一种是复合模型。决策支持系统的核心部件就是模型库，这也是最复杂、最难实现的部分。

第四节　智慧城市的技术框架

一、物联网技术

（一）物联网概念

物联网的概念最早由麻省理工学院的 Auto-ID 中心于 1999 年提出，指将所有物品通过信息传感设备与 Internet 连接起来，形成智能化识别并可管理的网络，即依托 RDIF 技术的物流网络。2005 年，国际电信联盟发布了《ITU 互联网报告 2005：物联网》，对物联网的含义进行了扩展，指出信息与通信技术应用所要达到的目标已经从任何时间、地点连接到任何人，发展到连接任何物品的阶段，而万物的连接就构成了物联网。2009 年，IBM 提出"智慧地球"概念，"物联网"概念也在全球范围内迅速被认可。

我国物联网的发展也是从 2009 年开始，当年，温家宝提出"感知中国"的战略构想，物联网的概念深入人心。工信部 2011 年发布了《物联网白皮书》，指出"物联网是通信网和互联网的拓展应用和网络延伸，它利用感知技术和智能装置对物理世界进行感知识别，通过网络传输互联，进行计算和处理，实现人与物、物与物的信息交互和无缝连接，达到对物理世界实时控制、精确管理和科学决策目的"。

物联网的第二轮热潮开始于 2016 年，自此，物联网的定义和范围发生了重大变化。随着"NB-IoT"技术和"LoRa"技术的发展和成熟，物联网开始进入新时代。2016 年，我国"十三五"规划纲要明确提出"发展物联网开环应用"。同年，"NB-IoT"的主要标准冻结，意味着 NB-IoT 可以开始大规模地推广应用。2017 年，工业和信息化产业部发布了《关于全面推荐移动物联网（NB-IoT）建设发展的通知》。该通知明确指出要建设广覆盖、大连接、低功耗的移动物联网基础设施，发展 NB-IoT 技术的应用。2018 年，《工业互联网发展行动计划（2018—2020）》印发。随着国家政策的不断推进，阿里巴巴、华为、腾讯、百度、微软、亚马逊等互联网公司，开始布局物联网领域。2018 年，在阿里巴巴云栖大会上，阿里巴巴宣布全面进军物联网，计划在未来 5 年连接 100 亿台设备。

物联网包含物物互联和人物互联，物物互联的应用有智慧物流、智慧能源、车联网、智能制造、公共事业和安全领域，人物互联有智能可穿戴设备、智慧医疗、智慧建筑、智慧家居等。

（二）物联网的四要素

物联网的四要素包括感、联、知、控。

感：指通过多种感知器，感知物理世界的状态。即通过光纤、读卡器、摄像头、RFID、声光电传感器等传感设备，获取外部数据。感是物联网的第一步。

联：即联结，通过互联网、网关等网络连接信息世界和物理世界，将感知设备搜集的数据传输到网络，实现数据的交换、分析、协同和控制。

知：通过感知数据的计算、推理，深入分析和正确认识物理世界。

控：根据认知结果，确定控制策略，发送控制指令，指挥各执行器控制物理世界，与服务层对接，提供应用服务。

（三）物联网通信与组网技术

根据传输距离和传输速率，物联网通信和组网技术可分为近距离传输、中距离传输、远距离传输。RFID、蓝牙、UWB属于近距离传输技术，ZigBee、WiFi属于中距离传输，LPWA（Low Power Wide Area，低功耗广域技术）中的Lora和NB-IoT技术，以及我们熟知的2G、3G、4G网络（统称为LTE技术）属于远距离传输技术。

1. RFID技术

RFID是最早，也是最广泛地应用于物联网的技术，早在智慧地球概念提出时，信息采集和传输就是基于RFID技术进行的。RFID是一种非接触式的自动识别技术，运用射频信号和空间耦合的传输性，实现对静止或移动物品的自动识别。射频识别又称为感应式电子芯片或近接卡、感应卡、电子标签、电子条码。

RFID具有数据读写功能，通过RFID读写器可以直接读取卡内数据到数据库，也可以将数据写入电子标签。RFID在读取上不受尺寸大小和形状的限制，可以向小型化和多样化发展。RFID对水、油渍、药品具有较强的抗污性，也可在黑暗和脏污的环境中读取数据。同时RFID承载的是电子式数据，其数据可由密码加密保护，具有安全性和可靠性。RFID是目前应用最广泛的近距离物联技术，可用于动物芯片、门禁管理、生成自动化和物料管理。

2. 蓝牙技术

蓝牙技术是一种全球应用广泛的无线数据和语音传输技术，它基于低成本的近距离无线连接，可以提供10米以内的固定设备或移动设备之间的无线接口，如移动电话、平板电脑、无线耳机、笔记本电脑、相关外设等，在众多设备之间进行无线信息交换。利用"蓝牙"技术，可以进行移动通信终端设备之间的通信，也能够进行因特网与设备之间的通信。

蓝牙适用设备多，无须电缆，信号可通过无线传输；工作频段全球通用，使用方便，可迅速建立两个设备之间的联系，传输速率高于 RFID；不受国界的限制，在软件的控制下，可进行自动传输；兼容性和抗干扰能力强；蓝牙技术具有跳频的功能，可以避免 ISM 频带遇到干扰源；兼容性较好，可以在各种操作系统中实现良好的兼容性能；传输距离短、传输速率快。蓝牙技术的传输距离是 10 米左右，增强射频功率后可达到 100 米，但传输速度不快。

蓝牙技术目前应用的领域有车载免提系统、车辆远程状况诊断、汽车蓝牙防盗系统、工业生产无线监控、零部件磨损检测、数控系统运行状态监控、医药诊断结果输送、病房监控。

3. ZigBee 技术

ZigBee 是一种在短距离和低速率下应用的无线通信技术，适合在距离短、功耗低且传输速率不高的各种电子设备之间进行数据传输。ZigBee 的传输距离大于 RFID 和蓝牙并支持无限拓展，可用于间歇性数据、周期性数据和低反应时间数据的传输。Zigbee 的工作原理类似蜂群的交流方式：蜜蜂在发现花丛后，会将新发现的食物源位置等信息通过一种特殊的肢体语言告知同伴，这种肢体语言就是 ZigZag 行舞蹈，是蜜蜂之间一种简单的传达信息的方式。ZigBee 的命名也是由此而来。ZigBee 是一种高可靠的无线数传网络，类似于 CDMA 和 GSM 网络。ZigBee 数传模块类似于移动网络基站。

ZigBee 具有功耗低、成本低、时延短、网络容量大等特点。它是为工业现场自动化控制数据传输而开发的，目前已经广泛应用于智能电网、智能交通、智能家居、金融、移动 POS 终端、供应链自动化、工业自动化、智能建筑、消防、公共安全、环境保护、气象、数字化医疗、遥感勘测、农业、林业、水务、煤矿、石化等领域。

4. NB-IoT 技术

NB-IoT 技术的全称是窄带物联网（Narrow Band Internet of Things）。窄带与宽带相对，是物联网长距离传输的一个重要分支，是一种广覆盖、低功耗的物联网技术，也是 LPWA 中最重要的一支。NB-IoT 具有消耗带宽窄，覆盖距离广，功耗低的优点。NB-IoT 可构建于蜂窝网络，只消耗大约 180 千赫的带宽，可直接部署于 GSM 网络、UMTS 网络或 LTE 网络，使用方便，如今已经成为物联网最重要的技术。目前 NB-IoT 的商业应用有共享单车、智能抄表、智能可穿戴设备、智能路灯、智能停车等。

5. LoRa 技术

LoRa（Long Range）是美国 Semtech 公司采用和推广的一种基于扩频技术的超远距离无线传输方案。LoRa 是 LPWA 领域重要的另一支，与 NB-IoT 一样，具有低功耗和可远距离传输的特点，在同样的功耗下比传统的无线射频通信距离扩大 3 ～ 5 倍。在城市中无线传输距离范围是 1 ～ 2 公里，在郊区无线传输距离最高可达 20 千米。

LoRa 网络由终端（可内置 LoRa 模块）、网关（或称基站）、Server 和云四部分组成，应用数据可双向传输。目前 LoRa 已经应用于智能电表、交通跟踪、智能家电和智能医疗的演示。在荷兰，电信运营商 KPN 已经部署了覆盖整个国家的 LoRa 网络，韩国的 SK 电信也是如此。

表4-2　NB-IoT与LoRa技术对比

	NB-IoT	LoRa
技术特点	蜂窝	线性扩频
网络部署	与现有蜂窝基站复用	独立建网
频段	运营商频段	150MHz到1GHz
传输距离	远距离	远距离

（续上表）

	NB-IoT	LoRa
速率	<100Kbps	0.3～50kbps
连接数量	200k/cell	200k～300k/hub
电池工作时间	10年	10年
成本	5～10美元	5美元

综上所述，物联网为智慧城市的建设提供了技术场景，使智慧城市的建设迈入新时代。随着智慧城市、大数据时代的到来，物联网的连接数量将会达到千亿级。

（四）物联网架构

物联网的架构可以分为四个层次，分别是感知层、网络层、平台服务层、应用服务层。

感知层通过底层各种传感器、执行器、摄像头、二维码、RFID、智能装置等获取环境、资产或运营状态等信息，适当处理后，将数据传回网络层。各智能子系统的执行器和传感器，也是物联网的接口。

网络层是通过传感网络与现有网络（如互联网、4G/5G移动网、专网等）混合，使用统一的通信协议，实现数据的进一步处理和传递。网络层中的物联网节点是具有数据转发功能的"内在智能"网关，各个区域的感知层传感器经物联网节点直接接入互联网，与云端服务器互联互通。

平台服务层是通过数据中心、服务器、存储设备、云计算、中间件、操作系统，将感知层获得的数据进行集中处理。物联网平台是物联网产业链中的重要环节，通过平台实现对终端设备的"管、控、营"一体化，向下连接感知层，向上向应用服务商提供应用开发能力和统一接口。

应用服务层通过第三方平台，提供业务应用、业务经营、数据挖掘、机器学习、专家诊断等服务，依据统一的标准服务接口，实现物联网在政府、企业、消费三类群体中的多样化的应用。

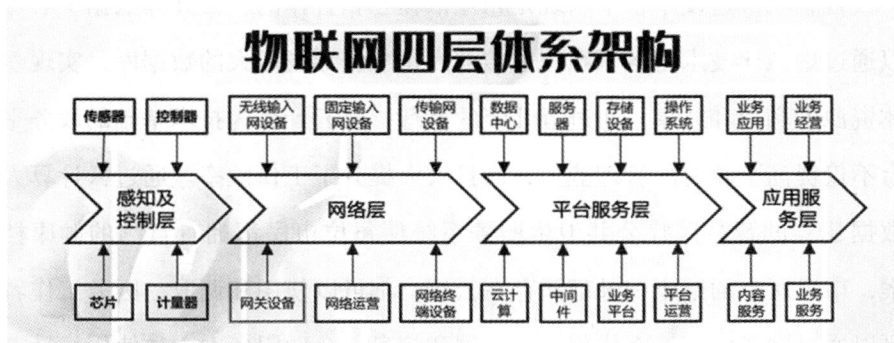

图4-1　物联网四层体系架构

二、云计算技术

（一）云计算概述

就目前来看，云计算在世界范围内还没有统一的标准定义，还处于快速发展的阶段。维基百科将云计算定义为：按照计算机和其他设备需求提供数据资源。NIST 认为云计算的基础是互联网，能实现硬件和软件的资源共享，是一种通过网络获取大量数据形成数据共享池，并对这些数据资源进行快速有效支配的方式。虽然云计算的定义多种多样，但共同点是云计算的所有数据存放于云端，用户可以通过网络获取自己所需要的数据和资源。

智慧城市的快速发展有利于形成城市特色，提高创新能力，推动城市信息化进程。云计算具备扩展性强、虚拟化强、部署快速等一系列特点，可以很好地解决智慧城市建设中数据基数过大、数据利用效率不高等问题，促进智慧城市的健康建设和发展。云计算是智慧城市基础建设的技术支撑，智慧城市各个系统的数据协调和应用都需要云计算数据中心的处理，以此提高利用效率、降低运行成本，提高智慧城市建设速度。

智慧城市建设中各个系统是相互依赖互相合作的。云计算数据中心可以通过虚拟化技术将各个系统上传的大量数据形成庞大的数据库，实现整体资源的利用和共享。通过近几年的运行，以云计算为技术基础的政务平台不仅提高了政府的管理能力，而且大大提升了工作效率。通过云计算大数据建立的智慧医疗公共卫生服务系统使每位市民都拥有自己的健康档案，市民所有的健康记录都储存在云端，都可以使用和调取，医务工作者可以通过网络便捷地查找相关的数据和信息。金融服务中大量使用云计算技术实现了移动支付、信息推送等一系列功能，方便了用户的交易和信息的获取。同时，能源行业、机械行业、交通行业等都在大量地使用云计算技术。

（二）云计算架构

基础云层、平台云层和应用云层构成了云计算架构的三个基本层次。

顶层的应用云层是软件服务。软件服务可以部署云应用，通过外部的云平台给客户提供所需要的软件。供应商在自己的服务器上传软件，云计算中心会通过互联网将软件提供给需要的用户，而用户只需要支付一定的费用，节省了购买硬件和软件的资金。

平台云层能够为客户提供一个完全托管的服务平台。客户不需要使用资源来开发和推广自己的应用程序，只需要按照相应的规则将程序托管到云服务平台。

基础云层是最底层的服务模式。它的特征是将基础设施整合虚拟成一个资源库。它主要由计算机资源、网络资源和存储资源组成，还包括数据资源和应用程序资源。这样的构成模式方便用户根据自己的需要对资源进行监控、分配和利用。按照服务方式，基础云可分为公有云、混合云和私有云三类。

公有云可以为外部用户提供计算服务。它的特点是规模比较大，成本比较低。公有云的安全管理和日常管理由公有云的提供商完成，用户数据的安全系数不高。

私有云是私有化的云计算环境。它是由企业在内部独立构建的，可以对数据安全性提供最有效的管控。私有云是一个密闭的环境，内部会员有权访问所有资源，而外部成员不能进入。私有云通过建立数据中心防火墙来确保数据安全，并由企业人员或者以服务外包的模式来对私有云进行管理。

混合云是一种混合模式，由两个及两个以上的私有云和公有云相互组合而形成。在这种模式下，公有云不存储核心数据，私有云负责存储核心数据和运行中心程序。公有云和私有云相互协作，以提高效率。

（三）云计算关键技术

1. 虚拟化技术

虚拟化技术是云计算的关键技术之一。虚拟化技术的目的是创建相关的虚拟产品，是一个在虚拟资源上运行的过程。虚拟化技术不仅仅是虚拟机，还包括多种抽象的资源数据计算。从不同的资源类型出发可以将虚拟化技术分为以下几种。

（1）系统虚拟化。

系统虚拟化是将计算机物理主机和操作系统分离，在一台物理计算机上同时运行多个虚拟操作系统。虚拟操作系统中运行的程序和物理计算机上运行的程序是一致的。为实现虚拟系统的运行，必须要建立虚拟环境，包括虚拟处理器、虚拟内存和虚拟网络接口等。虚拟环境还能为虚拟操作系统提供很多特性，比如硬件共享、系统隔离等。

（2）服务器虚拟化。

服务器虚拟化可以实现多个相互独立的服务器同时被划分，这种划分是利用虚拟化技术实现的。服务器虚拟化形成了一个完整的硬件抽象资源，其中有虚拟处理器、虚拟内存。

（3）计算资源虚拟化。

计算机资源的虚拟化是一种对物理资源进行抽象化的技术，它的基础是虚拟化。这种模式可以改善数据中心的硬件兼容性不同造成计算机资源难以统一管理的情况。通过这种模式构建云计算的数据环境，可以为各种资源的统一管理提供科学的解决方案。

虚拟化技术的本质是创造一个统一的大型数据库，实现对所有云计算数据中心的数据的统一管理。这种可扩展性可以满足智慧城市各系统对数据的需要。

2. 快速部署

快速部署作为云计算数据中心的一个重要特征和基本功能，面临着越来越高的要求。第一，云管理程序必须在任何时段满足用户的任何要求和应用程序的数据需求。第二，不同层次的云计算部署模型根据环境、服务来说的不同也存在差异。在数据部署过程中软件系统结构不尽相同，这要求部署程序必须要适应部署数据的变化。

并行部署和协同部署技术在云计算环境中可以同时部署多个虚拟机。并行部署技术不同于传统的顺序部署，可以在不同物理机器上执行多个任务，成倍地减少部署所需要的时间，但网络带宽的限制会对文件存储服务器的部署产生影响。协同部署技术能够将物理机的虚拟影响传输至网络，改变了服务器和部署对象间传输的模式，大大提高了部署速度。

3.资源调度

资源调度是一种资源分配的过程。它是云计算对大数据的调拨和使用。在资源调度过程中，用户对应相应的计算任务。每一个计算任务存在于相应的操作系统。实现资源调度计算任务一般有两种方式，一是直接在计算机上分配它的计算任务；二是直接将任务分配给其他机器。

云计算的关键环节是资源的调度。云计算通过大量的计算实现对数据库中所有资源的调度和分配。这种调度和分配可以有效地利用数据资源，充分发挥异构资源的优势，还可以更好地提高系统的容错性，提升服务质量。

三、人工智能技术

（一）人工智能简介

人工智能技术简称 AI 技术，于 1956 年由麦卡西（人工智能之父）提出。人工智能技术是混合了计算机、控制理论、信息传播学、神经学、心理学、哲学、语言文字学等多种理论的一种边缘性学科。但是对于人工智能技术，至今还没有一个全球认可的统一描述。通常认为，人工智能是一种通过机器体现人类智慧的行为。

从当前的发展形势来看，人工智能技术可分为两大类：弱人工智能技术和强人工智能技术。其中弱人工智能技术是一种被动的技术。一般是指给机器一种事先设计好的固定程序或指令，机器只能对一定的外部刺激做出固定的相关反应，没有思考、发展和改变的能力。

而强人工智能技术则会产生自我意识，并且这种自我意识会随着外界的刺激或环境的变化而改变，甚至能给出相应的判断。通常强人工智能技术又分为两种。其一是模仿人类的人工智能技术，这种类型的机器有着和人类极为相似的思考方式和推理模式；其二是非人类的人工智能技术，这类机器本身拥有知觉和自我意识，同时自身也具有推断能力和思维模式。

当前，由弱人工智能技术转向强人工智能技术已非难事，但是如何全方位评估人工智能技术，如何利用好人工智能技术为我们服务，怎样处理人工智能技术给我们带来的各种问题，也许这才是接下来人类在人工智能技术领域需要解决的难题。

（二）人工智能技术的主要应用领域及影响

1. 人工智能技术的主要应用领域

随着技术的提升，人工智能技术的应用领域已经越来越广泛，主要包括专家系统、定理证明、模式识别、机器学习、程序设计、语言处理、解决问题、人工神经网络以及决策系统，等等。随着心理学、数学、哲学、生理学、神经学等学科的发展与相互作用，人工智能技术必然会成为一门综合性非常强的跨领域的学科。

（1）专家系统

专家系统是一种应用前景非常可观的系统。它能够模拟人类某些领域的专家来解决很多复杂的问题。其本质是一种计算机程序系统，通过对人类专家的知识类型和解决问题的方法模式进行复杂的计算和推理，从而给出解决问题的方式。现在已有越来越多的律师、医生、工程师等使用专家系统来辅助工作。

（2）模式识别

模式识别系统通过计算的方法来研究模式的处理和判断，从而使计算机有效地感知声音、文字、图像、振动、温度等信息资料，并通过这些信息资料，做出自身的判断或给出相应的结果。其应用也非常广泛，例如，我们经常用到的在线翻译系统，公共安全案件侦破中的指纹鉴定也离不开它。模式识别系统是智能机器最为关键的突破口，同时也为人类全面认识自身的智能提供了全新的途径。

（3）自动程序设计及自然语言理解

现在的人工智能已经可以自动编写简单的程序，这些程序在感知到外界的文字材料后，还具备将材料翻译为多种语言的能力。除此以外，人工智能自动程序设计和自然语言理解还能自己发出指令，以此获得知识。

（4）人工神经网络

人工神经网络就是通过对人类大脑结构的研究，将模拟生物神经元的元件进行组合，并且形成相应的网络来代替人脑认识外部世界和进行相关的智能控制。人工神经网络系统目前广泛地应用于识别信号、分析磁共振、分析光谱、研究工程和研究光学信号等方面，还在医学治疗、教育教学中起着越来越重要的作用。

（5）机器人学

机器人学是人工智能应用领域较为热门的门类。机器人在社会的各个方面也正在起到越来越重要的作用，比如工业、农业、国防、旅游、医疗等领域。不过，当前的机器人大多属于弱人工智能技术下的机器人。它们只是按照人类设计好的指令和程序，进行着简单的重复工作。强人工智能下的机器人是当前各国的主要研究方向。这种机器人有自我学习、自我提高和不断变化思维的能力，但也必然会带来伦理问题。

2. 人工智能技术对人类社会的主要影响

当前人工智能技术已经逐步深入无人驾驶、保安、识别图像、分析股票、军事、太空、生物等领域，对人类社会产生了不可估量的影响，以后这种影响还将逐步深化和扩大。这主要表现在以下几方面。

（1）人类社会整体

人工智能技术是一门综合性的技术。它的发展促进了人与人之间的接触，产生的结果是人类的生活节奏越来越快，劳动生产能力却会降低。

（2）人类社会结构

随着技术的发展，未来一定会有更多的智能机器进入人类社会，智能机器也会代替越来越多的脑力劳动。人驱动机器的社会结构在未来也许会变为人驱动智能机器再由智能机器驱动机器。在这种趋势下，人类必须处理好与智能机器的关系。

（3）社会经济效益

纵观全世界，人工智能技术创造了越来越多的经济效益，专家系统就是一个非常典型的例子。

（4）人类的思维方式和生活方式

例如，智能保姆、智能服务员、智能护士等的出现，使人类社会越来越智能化，给人类的生活增添了很多新鲜的元素。

（三）人工智能在智慧城市中的应用

1. 政务智能化

智能政务系统有两大作用。一是做出复杂决策。智能政务系统可以对政府提供的大数据进行分析和演算，从而进行相对复杂的决策。同时它还可以对社会公共事件和社会热点问题存在的潜在风险做出相关的反应和提示。二是成为智能政务助手。政府对重点问题的回应向来是政务工作中的难题，而智能助手则可以突破这一难题。居民可以对智能机器人提出任何的问题，智能机器人可以根据自身数据做出相应的回应而不受时间和数量的限制。

2. 交通的智能化

积极构建无人驾驶的交通模式是未来智能交通发展的趋势。根据专家的预测，在未来的30年内，人们外出的最重要的交通工具将是无人驾驶的出租车，私人拥有的车辆会相对减少。无人驾驶的公共交通和智能出租车能够很好地解决交通拥堵、环境污染和停车难问题。同时由于数据的交换，智能出租车能够较好地避免交通事故的发生。

3. 医疗的智能化

医疗智能化是将来城市公共卫生水平提升的主要方向。公共卫生服务的均等化一直是一个难以破解的问题。就我国来看，超大城市或者大城市聚集了较高水平的医疗能力和服务，小城市或者村镇则比较难享受到优质的医疗服务。要破解这一难题，最有效的手段是智能医疗。可复制和可推广是智能医疗的重要特性。比如，某一个智能诊断领域取得突破后，只要利用特定的设备，同等医疗服务就可以完全复制到其他区域。这样那些小城市、村镇等也可以享受到优质的医疗服务。另外，智能医疗的分类系统可以使居民的一般性疾病在家庭社区医院或者基层医院就得到解决，而那些治疗相对困难的疾病则交给医疗资源相对丰富的较大医院来解决，这将极大提高医疗资源的利用率。

4. 安全的智能化

当今社会人口和各种资源的流动日趋频繁，安全问题不容忽视。当前我国很多城市对于公共安全以及流动人口管理一直没有取得重大突破。一个微不足道的突发事件，就很有可能引发整个城市的危机和混乱。近年来，大型城市通过不断增加摄像头和传感器的数量提高管理的能力。但采集的数据量过大，给数据分析造成了很大的压力。因此，城市必须大力发展智能安全系统，进行安全预警，让政府可以选择最有利的时间和最有效的方法保证居民的生命财产安全。

5. 教育的智能化

在人工智能时代，教育最需要被重新塑造。在未来，教育的两大新兴主题——创新教育和终身教育的规模将会远远超过初等教育、高等教育和幼儿教育等传统教育。其中，创新教育的核心就是智能教育。在 AI 时代，许多简单、标准化的工作都可由智能机器、机器人来完成，这样就大大解放了人类的时间和精力，使人的创新能力和发明能力更容易被激发。另外，在人工智能时代，受教育者可以在任何地方，通过智能化教育平台远程互动来完成教育，而不一定通过现有的教育机制或者教育机构。

四、区块链技术

（一）区块链技术概述

区块链是一个信息技术领域的术语。从本质上讲，它是一个共享数据库，存储于其中的数据或信息，不可伪造、全程留痕、可以追溯、公开透明、集体维护。它使用密码学方法产生数据块，每一个数据块包含网络交易信息，用于验证信息的有效性，然后生成下一个数据块。区块链的最大特点是去中心化。目前中心化的记账方式是，谁的账谁来记，如阿里巴巴负责对钉钉的记账，腾讯负责对 QQ 的记账，百度负责对百度搜索的记账，数据是汇集到网络中心进行处理的。而区块链里没有这样一个中心，数据一旦出现，每个人都可以进行记账，由系统选择最优者将内容记录下来，然后交由所有人备份，系统中的每一个人都有一个完整的账本，然后再产生下一个数据块。

（二）区块链的类型

1. 公有链

公有链是指世界上任何个体或者团体都可加入或退出的区块链，任何人都可以参与链上的数据读写，不存在中心化的服务端。公有链是最早的区块链，也是应用最广泛的区块链，以比特币为代表的虚拟数字货币就是公有区块链。

2. 私有链

私有链，又被称作专有链。这种区块链是专属的，各个节点的写入权限归个人或者企业内部控制，读取权限有选择性地对外开放。目前私有链的研究尚在摸索之中。

3. 联盟链

联盟链又称为行业链，是由几个不同的机构一起组成的区块链。联盟链中的节点通过契约形式建立信任和共识机制，一般只允许几个组织中的节点访问，但在某些情况下，也会限制性对外开放。

（三）区块链的运行机制

区块链网络是一个分布式网络，在网络中存在众多节点，每一个节点都参与数据维护。当有新的数据加入时，所有节点对数据进行验证，节点间对处理结果达成一致才能将新加入的数据写入各自维护的区块链中，形成新的数据块，目的是让网络中每个节点都拥有一套完全一致的数据记录。交易过程如下：

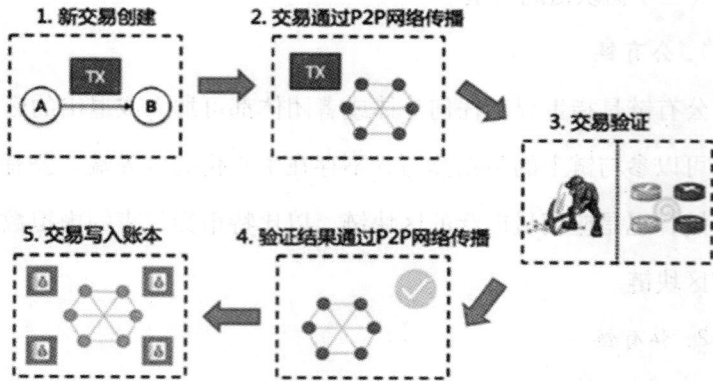

图4-2 区块链的交易过程

我们以比特币为例来描述区块链的运行过程：所有者 A 利用他的私钥对前一次交易和下一位所有者 B 签署一个数字签名，并将这个签名附加在比特币的末尾，生成交易单，B 要以公钥作为接收地址。当出现一笔新交易时，A 将交易单广播至全网，比特币发送给 B，比特币即时显示在钱包中，但 B 要等到区块确认成功后才可使用。

在一个区块中，包含两种哈希值。哈希值可以理解为数据的一个"指纹"。在区块链中的每个区块都包含了上一个区块的哈希值，所有的区块就依次连成了一条（逻辑上的）链。

如果一个区块上的交易信息被恶意篡改的话，"本区块的哈希值"就会改变。因为下一个区块包含了本区块的哈希值，为了让下一个区块能连接到本区块，就需要修改下一个区块。而这又导致下下个、下下下个区块也必须修改。由于区块链本身的计算机制，计算一个区块的哈希值非常困难，修改多个哈希值，会难上加难，这就使得篡改区块链中的交易信息几乎成为不可能，区块链也就具有了不可篡改性。

在交易中，会存在双重支付。如果 A 有一个未消费比特币，A 将此比特币同时发给 B 和 C，这就是双重支付。假设发给 B 的交易通过验证，那么给 C 的交易就会验证失败，如果同时被验证并认证为有效交易，则区块链会出现分叉。针对这种情况，比特币会选择最长的链条进行扩展，有新的区块加入时会沿着最长的链延续，较短的那条链上的区块将被抛弃。在区块链交易中，需要至少等待 6 个区块的验证，才能完成交易，这被称为是区块链的"等待六次确认"原则。

（四）区块链在智慧城市建设中的广泛应用

1. 金融行业

区块链起源于比特币，因此金融领域是区块链最早应用的领域。区块链的去中心化、去信任、分布式存储、集体维护等特性使得区块链天然拥有重塑金融领域的基因。在传统意义上，金融领域是中心化程度最高的产业，金融市场中交易双方的信息不对称，使得在交易中存在大量的中介机构，如银行、券商、结算商、咨询商。但金融中介机构在保证金融系统正常运行的同时，也降低了运行效率，增加了运行成本。区块链去中心化的信任机制，彻底改变了金融机构的基础架构。在区块链中，金融资产可以整合到区块链账本中，成为链上的数字资产，代替中介机构。区块链的开放性，使人们可以在链上自动撮合交易，减少了中间环节，这都使其在金融领域中具有广阔的前景。

2. 医疗卫生领域

目前，医疗领域普遍面临着医患关系差、就医体验差、药物研发周期长、医疗资源紧张、保险理赔效率低、伪劣药横行等问题，这主要是由于医疗行业信息不通畅。而区块链技术，可以在保证患者隐私的情况下，将医疗数据上链，解决医疗信息共享问题，从而重建医患关系，提高就医效率，缓解医疗资源，助力医药研发和供应链溯源，打击伪劣产品。

区块链通过创建电子健康记录，也可以解决患者的数字化档案问题，从而颠覆现有的公共健康管理。

3. 政务领域

目前，区块链在政务落地上的应用相对成熟，区块链技术可以用来打破信息孤岛，检查政府腐败，提高效率和透明度。从发票、电子票据到司法存证、公益扶贫，区块链技术都有广泛的应用。

另外，区块链技术也可以广泛地应用在教育、能源市场等领域。

第五章　数据驱动下的智慧城市实施

第一节　BIM技术下的智慧建筑与智慧建设

我国建筑业总产值达 19.36 万亿元，是我国国民经济的重要物质生产部门和支柱产业之一。建筑行业的信息化、智慧化是智慧城市建设中的基础环节。

我国传统的建设方式由于信息化水平低，重复建设严重。据麦肯咨询的调查显示，我国建设行业信息化水平仅高于农业。要想实现全面的智慧城市，建筑及其建设过程的智慧化水平必须全面提高。

BIM 技术的发展和成熟为实现建造过程的信息化、智慧化提供了重要的工具。以 BIM 建筑信息化为基础，将物联网、大数据和人工智能、云计算应用于建设项目的规划、设计、勘施工、运维、管理服务等各个环节，已经得到了行业的认可，成为推动建设行业信息化变革的开始，是提高建设行业信息化的必然途径。

一、BIM 内涵

（一）BIM 定义

BIM，全名为 Building Information Modeling，是一种应用于工程设计、建造、管理的数据化工具。通过对建筑进行数据化、信息化模型整合，在项目策划、运行和维护的全生命周期过程中进行数据共享和传递，可使工程技术人员对各种建筑信息做出正确理解和高效应对，为设计方、建设方、施工方、运营方、咨询方等建设主体提供协同工作的基础。

美国国家 BIM 标准（NBIMS）对 BIM 的定义如下：

BIM 是一个设施（建设项目）物理和功能特性的数字表达；

BIM 是一个共享的知识资源，是一个分享有关这个设施的信息，为该设施从概念到拆除的全生命周期中的所有决策提供可靠依据的过程；

在设施的不同阶段，不同利益相关方通过在 BIM 中插入、提取、更新和修改信息，以支持和反映其各自职责的协同作业。

（二）BIM 的特点

1. 可视化

BIM 用三维技术来表现建筑，最基本的特征就是可视化。对于建筑行业来说，可视化的作用是非常大的，相对于二维模型，三维模型更直观。传统的图纸用线条绘制，实际的构造效果需要从业人员自行想象。而 BIM 提供可视化的思路，将三维的立体实物图形展示在人们的面前，并在模型中提供了各种参数，可以反映建筑构件的各项信息。这一功能使得建筑模型可以数据化，成为智慧建筑和智慧城市的基础。智慧城市项目设计、建造、运营过程中的沟通、讨论、决策都在可视化的状态下进行，也为项目在各建筑主体之间的信息交互提供了技术支撑。

2.协调性

（1）设计单位、建设方、施工单位、监理单位的协同

BIM可以将分散的信息（包括进度、成本、质量）进行集中化处理，还可以直接查看现场情况、材料、图纸、设备资料、施工影像资料、质检资料、国家标准等相关数据，把控工程的整体情况。

（2）技术、财务、采购、领料、档案、人事多专业协同

多专业协同可以使项目做到良好衔接，有条不紊。BIM将项目基础数据和实施数据进行集成和汇总，可以查看项目整体情况、执行情况，了解项目在各时间点的工作，帮助各职能部门了解自己的工作内容，做好工作的协调安排。

（3）设计、开发、测试、维护工程全生命周期协同

设计、开发、测试、维护处在项目的不同时间点，他们的工作不是同期的，但每个环节又有交叉部分。所以协同在项目中非常重要。例如，在设计时，由于分工不同、设计师之间沟通不到位，各部门之间就可能出现冲突和碰撞。BIM出现之前，只能在问题出现之后再进行解决，既降低了建设速度，又增加了建设成本。BIM的出现，使得这些问题在设计阶段就能得到解决，通过三维建模和碰撞检查，可以优化设计方案、规避碰撞点。

BIM模型能够实现信息的共享，并且在信息共享中不会丢失数据，也解决了传统协调中信息丢失的问题。

3.模拟性

BIM模型除了能模拟设计建筑外，还能够模拟施工过程。如在设计阶段，进行日照模拟、节能模拟、紧急疏散模拟、热能传导模拟、地震模拟、风模拟、降噪模拟，可提供优化和改进建议，从而获得更好的建筑成品。在招投标阶段，可进行施工模拟，以设计更好的施工组织方案和进度安排。在施工

阶段，运用 BIM 模型，可进行复杂构造节点的模拟，以更好地组织施工。

4. 优化性

项目的设计、施工、运营，其实是一个不断优化的过程。在 BIM 技术下，建设可以做更好的优化。因为 BIM 模型提供了建筑物实际存在的信息，通过实际信息里包含的物理信息，借助一定的科学技术和设备，可对复杂项目进行优化。

5. 数据性

BIM 模型提供的不仅仅是建筑模型，更重要的是建筑信息数据，即建筑的数字化。这些数据包含建筑物的所有信息，如建设主体信息、构件信息、设备信息。建筑的数字化是智慧建筑的基础，而智慧建筑是智慧城市最重要的构成。因此 BIM 是城市信息化中，除了传感设备之外的另一个重要的基础构成。城市的一切建设项目都可以通过 BIM 数字化。

（三）BIM 的优势

1. 参数化设计

参数化技术是计算机辅助设计领域（Computer Aided Design）不断发展过程中产生的革命性技术，在制造业对自动化和智能化程度提出更高要求的情况下，需要更加贴合的技术支撑，由此，参数化技术应运而生。和传统 CAD 设计相比，参数化设计不是针对某一几何形体进行设计，而是设计了一类拥有共同特征参数的几何形体，通过修改特征参数，可以得到相似但不相同的几何形体。用参数和程序控制三维模型，使模糊调整比手工建模更精确、更合理，提高模型生成和修改速度，快速实现建筑、结构模型的有效互动，大大提高设计效率。

BIM 是一门用于建筑工程各个阶段的信息管理工具，可与参数化设计一同用于建筑设计之中。BIM 参数化设计可以使建设工程包含参数化图元。

参数化图元以构件的形式出现，可以包含构建的建设信息、结构信息、物理信息、几何信息。构建的修改和区别也以参数的调整来体现。BIM 参数化的另一个重要部分是参数化修改引擎，设计人员对一个图元进行修改时，相应关联图元会同步修改，这提高了设计人员的工作效率，同时也提高了绘图的准确性。

参数化设计的优点还体现在 BIM 可兼容其他分析软件，如能耗分析、疏散分析、日照分析、结构验算、碰撞检查、虚拟建造、虚拟现实，可以在设计阶段完成，为城市环保节能，为人们提供更宜居的建筑和城市环境。

2. 信息的多元化

BIM 的数据性特点，决定了 BIM 模型本身就是存储了项目信息的数据库。BIM 可根据客户需求导出相应格式的信息，如平面二维图纸、文本、表格、三维模型等。这些信息还可以实现动态修改，如修改了图元的尺寸，相应的工程量信息会随之变动。

BIM 自带的工作集使得多专业人员可共用统一的中心三维模型协同设计。不同专业的设计师还可以只修改本专业图层，不影响其他专业。但是这种工作集模型的设计，对计算机配置和网络环境有较高的要求。

3. 加快工程进度，有效控制成本，提高工程质量

在设计阶段，通过设计协同和优化设计可加快设计进度；通过设计图纸的优化，可减少因为设计错误和设计变更带来的工程进度延误。目前的 BIM 算量软件可使算量速度提高 90%，大大加快了工程造价速度，提高了工程量统计准确度。运用 BIM 模型，还可减少返工，减少施工工期，降低施工成本；提升工程质量，减少图纸错误或二维平面图理解误差带来的工程变更，减少不必要的资源浪费。

4.BIM 建模标准化

BIM 是一系列软件，由于各个软件编程语言的问题，BIM 文件格式在不同平台得到的格式并不统一。如果没有统一的数据格式标准来兼容这些软件，就不能够实现 BIM 的信息共享、交互，BIM 技术也不会产生如此巨大的价值。标准化是 BIM 实现数字化的第一步。BIM 以国际交互操作联盟 IAI（International Alliancefor Interoperability）制定的 IFC 标准作为数据标准，很好地解决了上述问题。

（1）IFC 标准的体系

IFC 标准用 EXPRESS 语言编写，无论是 Autodesk、Bentley 还是其他平台的建筑模型，都可以 IFC 标准输出。该标准由资源层、核心层、共享层和领域层四个功能层次构成，每个层次包含若干信息模块。

（2）IFC 标准与 BIM 关系

BIM 的重要价值体现在不同专业项目成员的信息共享。BIM 中，项目组所有成员能够获取准确有用的信息，保证整个项目信息的稳定性。而 BIM 能够实现信息的共享、传输则是基于 IFC 标准。

二、BIM 应用价值

（一）BIM 是城市数字化的基础

BIM 技术基于三维几何数据模型，集成了建筑设施其他相关物理参数、功能要求和性能要求等信息，并通过开放式标准来实现信息的互通。通过 BIM 技术，人们可以在计算机中建立一座虚拟建筑，这个虚拟建筑是个完整的、一致的、逻辑的数据库。一个城市虚拟建筑的集合就是数字孪生城市构成的基础，是智慧城市的起点。因此，BIM 技术是实现建筑产业现代化、信息化的重要抓手，通过搭建精细化管理平台，传统的建造可以更加"智慧"，并最终形成集智慧招标、智慧设计、智慧建造、智慧运维为一体的智慧体系，实现"智慧建设"。

（二）BIM是智能建设全过程管理的工具

在智慧城市建设中，智慧的"大脑"依赖于智慧的基础设施。BIM可用于智能建设全生命周期管理。传统的项目建设，各个阶段独立进行，管理工作也是由不同参与方来实施。BIM则能覆盖建设项目的所有过程，具有过程统一性、协同性的特点。在国家推动全过程工程管理和EPC项目的大背景下，BIM成为全过程管理的重要工具。BIM技术的应用、集成和信息共享，能使项目管理扁平化，理顺项目管理过程中各参与方之间的关系。

（三）BIM是可持续发展的工具

建设项目的另外一个发展方向，是可持续发展。可持续发展重点在于实现资源的有效利用，减少环境污染，降低碳排放。BIM的应用，能够实现建设项目的集约化发展，减少了项目建设过程中的资源浪费和环境污染，使得建筑物更环保、更节能，达到绿色建筑的标准。

三、智慧建筑与智慧建设

（一）智慧建筑

1. 智慧建筑的概念

智慧建筑是美国在20世纪末提出来的，指将建筑与现代化信息技术相结合，从建筑内部到建筑外部，实现智能化，打造一个方便、智慧的生活环境。智慧建筑利用集成化原理，结合物联网、人工智能技术，实现对建筑各个模块的智能化管理。

2. 智慧建筑的特征

智慧建筑是将多种信息化技术应用于建设项目管理和建设项目运维

中，使项目内的各种资源相互感知和互联。

（1）智慧化

智慧建筑从功能上来讲是和智慧城市的理念一脉相承的。智慧建筑运用广泛的感知技术、快速的计算反应能力和无处不在的万物互联，为建筑物的参与方提供方案和决策支持，并能够根据数据运算的改变快速、准确地调整方案，为建设项目管理提供不同需求层次的人性化服务。

（2）集成化

智慧建筑的集成化体现在两个方面：首先是信息技术的集成，智慧建筑是以 BIM 技术为基础，以传感器为依托，以物联网为载体形成的多主体的集成；其次是项目内部功能的集成，一是设计与施工的一体化，二是建设项目全过程管理一体化。

（3）便利化

便利化指智慧建筑能为使用者提供多样化、人性化的服务。例如楼宇的自动化系统可以提高建筑物的安全性和便捷性，为居民提供更好的服务。对供电供热的智能化管理，使用户可以根据需求采用个性化的供电供热供水方案，达到节约能源的目的。智慧家居的应用，可以使人们的生活更舒适。

（二）智慧建设

1.智慧建设概念

在智慧城市的建设过程中，建设本身就是智慧化的。在建设项目设计阶段就加入智慧化的因素，才能保障智慧城市的顺利实施。

智慧建设同时也是智慧城市的实现路径。BIM、物联网、普适计算和5D 可视化等新兴信息技术的应用与集成是智慧建设的具体实现方式。

根据上面的叙述，智慧建设可定义为：为迎合建筑业信息化发展和智慧城市建设的需要，以 BIM、物联网、普适计算、5D 可视化等信息化技术为集成手段，以建设项目全生命周期管理和多参与方协同为目的，建立满足各参与方不同需求的智慧化管理环境，通过对传统建设项目管理理论与方法的改革与创新，实现建设项目的有效管理。

2．智慧建设特征

（1）从建设项目全生命周期管理角度出发

智慧建设面向建设项目全过程，以 BIM 技术为基础，实现建设项目的全过程管理。与传统建设项目管理分阶段的"割裂式"管理不同的是，全过程管理自项目立项到竣工验收，管理是整体的。智慧建设改变了传统建设项目管理的组织形式和实施方式，也改变了信息交互方式和信息传递方式。智慧项目的信息是中心化的传递，以 BIM 为传递中心，减少了信息传递失真，提升了信息传递效率。

（2）现代化

智慧建设将 BIM、BLM（建设项目生寿命周期管理）、精益建造和可持续建设等多种理论的优势集中于建设中。BLM 理论注重全生命周期管理目标的协调性和多参与方协同；精益建造理论主要是通过 BIM 模型进行精细化管理，提高生产流程效率，降低成本，以最低代价获得最大产出；可持续建设以降低能耗、减少环境污染、减少碳排放为出发点，提高建设过程的可持续性，提高资源的利用率。智慧建设运用信息化、智慧化工具，融合以上多种理论的优点，使建设项目实现了功能上的智慧性、使用上的便捷性、技术上的先进性和环境资源上的可持续性。

（3）建设过程智慧化

智慧建设的重点是综合 3D 打印技术、物联网技术、大数据和人工智能技术的特点和优势，让建筑过程信息化，建筑结果数字化，解决建设项目管理过程中遇到的问题，提高管理效率，降低管理成本，实现项目决策阶段的智慧管理。

在设计阶段，智慧建设运用三维可视化模型，实现模型的实时、可视、互联、远程、协同、可追溯。在施工过程中，运用三维可视化模型和虚拟现实技术建设智慧工地，利用传感技术，采集现场数据。在项目运维过程中，运用 BIM 模型维护建筑和设备，提高信息采集、处理、传递、共享和存储的效率，减少建设项目工期，降低成本，控制风险，提高质量。

（4）多参与方协同管理

智慧建设可以构建项目管理平台，实现信息有效交互，以协同的模式使各合作伙伴之间充分沟通，打破传统的"信息孤岛"。海量数据为建设项目更好地运用大数据和人工智能技术提供了基础，有利于减少信息不对称带来的风险，更好地实现建设目标。

四、BIM 在智慧建设中的应用

（一）建设规划阶段

智慧建设始于城市规划，而智慧城市建设的规划是基于全面城市信息的规划，因此，城市规划涉及内容多、利益群体复杂、影响后果严重。传统的城市规划在各部门之间分裂进行，导致了各种问题，如交通拥堵、资源浪费、环境污染等。BIM 技术的兴起，为在城市全景图和未来预测的角度进行规划提供了技术基础。

1. BIM+GIS 在城市总体规划设计应用

（1）三维测量

三维测量是城市规划中较为重要的一部分，主要对象包括空间间距和建筑面积等。目前的城市建筑呈现出楼层较高、建筑密集的特点，在这样的环境下三维测量的难度较大，这时就可利用 GIS 和 BIM 的集成来解决三维测量问题。在对两点之间的距离或高度差进行测量时，在已有建筑三维模型的基础上，只需要单击这两个点，就能够得到实际的测量结果。在进行角度测量或者面积测量的时候，也可以利用三维空间地理信息系统的这种功能，得出准确的角度值和面积。

（2）建筑方案的设计对比

建筑设计方式与实际的施工流程总会存在一定的差异。由于工程造价、投资规模和建筑节能的影响，设计人员需要给出不同的设计方案，结合实际的需求选择最合适的方案。传统的设计都是在二维图纸上进行的，这样的设计方案不能很好地表达出建筑空间信息。以 BIM+GIS 组合来进行方案设计，在获取建筑信息的同时，对建筑物前后的变化情况进行模拟，结合实际的需求，能够对设计的合理性进行充分检验。

BIM 与 GIS 技术的集成，对城市规划质量和整体水平有着极大的提高，很好地实现了城市与建筑之间的统一。

2. 场地规划应用

场地规划是一切设计的基础。运用 BIM+VR 对场地进行合理性评估，对方案进行仿真模拟，可对场地的便利性和合理性做出精准判断。

（二）建设设计阶段

建设项目的设计阶段是项目建设全过程中最为重要的环节，与工程质量、工程投资、工程进度，以及建成后的使用效果、经济效益等都有直接关系。因此设计阶段从性能、质量、功能、成本到设计标准、规程等，都需要应用 BIM 进行管控。

1. 可视化设计

BIM 技术最为显著的特点是可视化。传统设计是在 CAD 平面设计上，以平立剖的方式来搭建建筑实体。BIM 是直接在三维状态下进行可视化设计，建筑物以三维实物图呈现，整个设计过程都是可视化的，项目设计、建造、运营过程中的沟通、讨论、决策都在可视化的状态下进行。

同时，BIM 可以模拟不同环境下的真实场景，提前预演建筑物的实际形态。如 Ecotect 软件的全面模拟和分析功能可帮助设计者了解建筑的环境性能。Phoenics 软件的风环境模拟对建筑周边的空气流动、温度分布、建筑表面风压系数进行分析，模拟传热、流动、反应、燃烧过程，充分利用风能。

2．建筑方案对比分析

（1）建筑朝向设计

建筑的朝向是建筑设计的出发点。建筑朝向考虑太阳、风运行路径，在此基础上，对建筑立面上的开窗大小和位置、数量进行设计，以充分利用光能、风能，降低建筑物能源消耗，提高能源利用率和建筑舒适度。BIM 技术具有模拟太阳运行和风力路径等功能，科学地解决了传统设计中的难题。

（2）建筑间距设计

建筑间距影响建筑的采光与通风。传统设计测定建筑的风能、光能和间距之间的关系时需要大量的计算，不同组合的比较又增加了设计复杂程度，效率和准确率都很低。BIM 的日照、风能分析功能可以迅速进行模拟，为确定建筑间距提供了高效的解决措施。

（3）建筑形体设计

随着生活水平的提高，居民对建筑的美观性要求越来越高。如何平衡建筑能耗和美观性，使两者完美结合，成为一个不可忽略的问题。BIM 通过建筑体量和能耗模拟，能够迅速做出方案和外立面造型展示。

（4）内部空间设计

内部空间的设计主要指如何更合理利用内容空间、进行更集约的管线布置，尤其是在智慧建筑里，各种网络传输需要更多的管线，如何更合理布置、节约空间，都需要方案模拟和方案对比。借助 BIM 技术，我们可建立虚拟的建筑模型，以便设计师清晰地了解智慧建筑结构，对相关参数进行设置，并对建筑进行三维演示，更好地进行内部空间设计。

3. 设计分析

设计分析是初步设计阶段最为重要的工作内容之一。设计分析主要包括结构分析、能耗分析、人流安全疏散分析等。

（1）结构分析

BIM 软件可以自动将真实的构件关联关系简化成结构分析所需的简化关联关系，依据构件的属性自动区分结构构件和非结构构件，并将非结构构件转化成加载于结构构件上的荷载，从而实现结构分析前处理的自动化。

（2）节能分析

建设项目的日照、风环境、热环境、声环境、景观可视度等性能指标在开发建设前期就已经基本敲定，但是由于缺少合适的技术验证手段，一般项目很难有时间和费用对上述各种性能指标进行多方案分析模拟，而BIM 技术则为建筑节能分析的普及应用提供了可能性。BIM 的建筑性能化分析包含室外风环境模拟、自然采光模拟、室内自然通风模拟、小区热环境模拟分析和建筑环境噪声模拟分析等。

（3）安全疏散分析

在大型公共建筑设计过程中，室内人员的安全疏散是一项重要设计要求。室内人员的安全疏散受室内人员数量、密度、人员年龄结构、疏散通道宽度等多方面的影响，简单的计算不能满足设计的需求，必须通过安全疏散模拟实现。基于 BIM 的安全疏散模拟不仅可以提供准确、全面的疏散环境模型，提高疏散结果的精确性，而且还支持疏散模拟过程的三维可视化展示。

（三）施工阶段

BIM 技术应用在施工阶段带来的价值最为显著。首先，BIM 技术可以提高施工企业对外投标的项目中标率，并且可以经过数据化的分析，指导企业合理运用"不平衡报价"等投标技巧，获取更多的收益。其次，BIM 的模拟施工可解决关键问题，降低施工成本。

1. 招投标阶段

基于 BIM 技术的工程量的计算会更快速和精准，招标编制工程量清单会更加准确，减少了后期的造价控制风险；根据 BIM 计算出的招标控制价也会更加准确，可以有效杜绝招投标工作中因时间仓促导致的算量不准、漏项等给建设单位带来的投资风险，同时也减少了恶意抬高工程造价以索取不当利润空间的问题。

BIM 的模拟施工技术可进行虚拟仿真施工，将建设项目施工现场情况直观反映出来，可据此制订比较详细可靠的招采计划，指导项目招投标工作。

招标工作中的暂估价会为造价控制带来一定的风险。利用 BIM 建模库进行选型，设备型号固定后，价格区间也就好锁定了，这就使得暂估价可以在招投标中进行明确，减少了后期造价控制的风险。

BIM 通过对中标单位的不平衡报价的分析，能够在合同制定过程中发生责任认定纠纷时，调动数据信息，找到责任方，为合同的洽商及条款的制定和签订提供有力、有利的依据。

投标单位通过 BIM 技术可直观地将施工方案展示给建设单位，让建设单位对投标单位的施工计划、施工方法以及施工进度情况有一定的了解。同时 BIM 技术能够对投标工程的投标报价进行优化，有竞争性地给出投标报价等信息，让建设单位能够清楚了解工程的资源及资金使用情况，以此帮助投标单位提升竞争性优势。

2. 施工阶段应用

优化施工方案管理，运用施工模拟，提高施工效率。施工单位拿到的 BIM 模型是设计优化后的施工模型，减少了核对图纸的工作量。数字化模型的交付，使各专业工作面的实际搭接工作具有直观感受。此外，在 BIM 技术的支持下，提前模拟设备设施、建筑材料的二次搬运和堆放，可以确定最优运输路线，减少搬运成本，确保施工过程的精确化、高效化、动态化。在施工过程中，根据设计的变化，及时修改 BIM 模型，也可使得 BIM 模型始终与建设项目保持一致。

施工质量管理 BIM 应用。智慧建设对施工质量管理的要求更高，涉及的项目信息复杂，技术、信息化程度高。借助 BIM 技术，施工单位、建设单位、咨询单位对项目可进行更高效的质量管理。施工单位可以利用 BIM 模型及时获取工程基础信息，建设单位、咨询单位、监理单位可以随时查看工程信息，加强监管和控制。

（四）竣工验收阶段

1. 数字化交付

在工程竣工验收阶段，除了交付合格的工程外，同时交付数字模型，为智慧城市的建设提供基础资料。

2. 竣工档案电子化

随着数字时代的到来，智慧城市的建设对建筑的信息化和智慧化要求不断提高，建设项目的复杂程度也越来越高。在竣工验收阶段，传统纸质版资料的归档管理，已经不能满足工程项目管理的要求。纸质版存档文件既增加了查询的难度，也增加了存储的难度，纸质资料的多次重复使用也会加速材料的老化。随着信息化手段的普及和 BIM 模型的完善，将全部建筑工程资料进行数字化存储，既节省存储空间，又方便查询。

（五）运维阶段

1. 空间管理

空间管理是按照实际的需求对建筑空间进行合理划分，确定空间场所的类型和面积。在建筑空间管理中可以直接运用 BIM 技术，进行可视化的管理分析。

2. 资产管理

运用 BIM 技术可以对资产进行分类管理，提升资产监管的力度，防止浪费和资产的流失。通过电子化的盘点和数据库中的数据核对，也可以及时处理异常数据。

3. 维护管理

维护管理一方面是设备的维护，包含对设备基本信息和设备运行状态的记录。BIM 模型和建筑实际运行状况同步，保证了设备基本信息和设备运行状态的及时更新。另一方面是多专业设备的共同运作。物业可以根据 BIM 模型里的设备信息了解设备厂家、安装型号、投入运营状况、维护状况等。在设备出现问题的时候，便能根据这些信息及时进行维护。

4. 能耗管理

建筑的能耗管理，可以通过 BIM 技术，利用 BIM 模型建立对外墙、外窗、屋面的能耗管理体系，建立对供水、供热、空调、供电等资源消耗的监控体系，对能源消耗进行分析，并根据用户的使用情况配合智能化的设备自动调节，达到节约能源的目的。

第二节　数据驱动下的智慧交通

一、智慧交通相关概念

（一）交通大数据和人工智能

顾承华（2015）从数据构成类型出发，给出了交通大数据和人工智能的定义：由城市交通运行管理直接产生的数据（包括政府通过感应线圈、卡口、监控等设备采集的与道路交通、公共交通相关的 GPS、视频、图片等数据）、与城市交通相关行业和领域导入的数据（气象、环境、人口、社会经济、通信设备数据等），以及互联网公众交互产生的交通现状数据（通过微博、微信等社交网络媒体用户上传的图文、视频、音频等数据）构成的，难以在合理时间内用传统方法存储和处理的数据集。交通大数据和人工智能中同时包含了来自交通行业与相关行业的格式化和非格式化数据。陆化普等（2015）认为大数据和人工智能具有 6 个特征：数据量庞大，处理迅速，数据多样，真伪共存，价值丰富，可视化。即交通数据体量巨大，决定了其处理速度要快，处理结果要丰富，有价值，可挖掘，并能够以可视化的形式来进行展现。

交通大数据和人工智能的来源可分为五类：固定检测器采集的流量数据、移动检测器采集的流量数据、移动监控位置数据、非结构化视频数据、多源互联网和政府网络数据。交通数据中包含了静态数据和动态数据，静态数据有土地、住宅、交通区域、路网、轨道、公共交通网络、中心站等；动态数据有车辆移动、路口流量、居民出行、公共路线规划、路线测量、车辆年检、交通基础设施建设等。

交通数据的获得方式有感应线圈、微波、雷达监测、公交 GPS、IC 卡、车牌识别、信号灯、导航工具、气象、地图定位等。

（二）智能交通

智能交通（Intelligent Transport System，简称 ITS）是 20 世纪 90 年代初由美国提出的理念，是指将先进的 GIS、通信技术、传感器技术、车辆识别与定位技术、人工智能技术有效地集成并运用于整个地面交通管理系统，建立一种大范围、全方位发挥作用的实时、准确、高效的综合交通管理系统。其目标是提高交通运营效率，提高车辆的驾驶性能，减少交通事故和环境污染。

1985 年前后，ITS 取得重大进展。如今，各国的 ITS 建设各有特点。美国注重体系的完整性，欧洲则强调国际（洲际）合作和标准化。中国的 ITS 始于 20 世纪 70 年代，90 年代末得到迅速发展。但与发达国家和地区相比，我国的软件和终端硬件建设仍处于起步阶段，工业规模还有很大的发展空间。

从内容上看，智能交通主要包括智能交通建设和智能交通管理两类。

1.智能交通建设

智能交通建设主要是指建设大型城市交通数据中心，将大数据和人工智能应用于智能城市交通中。

2.智能交通管理

"智能交通管理"基于"人、车、路"等关键要素，自动识别、智能分析交通重点管理目标，自动检出违法行为，提高通行效率，优化交通出行秩序。由于交通政策直接影响城市环境、交通服务和个人出行选择，因此，智能交通管理具有重要的理论意义和应用价值。

（三）智慧交通

智慧交通是在智能交通的基础上，融入物联网、云计算、大数据和人工智能、移动互联等新技术，汇集交通信息，为用户提供各类实时交通数据，实现对交通管理的动态信息服务。在政府层面，智慧交通可改善交通管理水平和运行效率，在城市层面，可缓解交通压力，解决城市拥堵问题，在公众层面则可提升交通出行体验。因此，智慧交通是解决城市病的重要举措之一。

智慧交通的基本特征一是具有革新性。智慧交通的本质是在交通领域将信息社会转变为智能社会。它必然会引起技能和生产工具的变化，引起管理和组织过程的变化，成为生产关系变化的动力。二是信息共享。智慧交通提升了交通基础设施和交通设备的智能化水平，形成了生产、管理和交通服务的新形式。它以人、车、路的交通大数据为主体，实现了交通数据线上线下实时交互，信息共享，用精准数据为交通调度、优化、科学管理提供决策依据。三是具有智慧化。智慧交通的本质是让交通具有与人类相同甚至超人的思考和解决问题的能力，以实现运输状态自动、高效的调整和转变。四是具有全面性。智慧交通涉及业主、设施、设备和运输公司，以及整个运输系统的各个方面。

信息化实践证明，智慧交通能在不受时间和空间限制的情况下，改进运输服务的生产、管理方式，提高运输生产效率，同时整合运输生产要素，促进交通运输结构的调整和转变。综合起来看，智慧交通具有以下重要作用。

一是有效衔接经济和社会需求。交通运输的目标是支持经济协调运行，提高居民生活质量，为人民的日常出行服务。智慧交通可以根据交通服务和经济社会需求，实现两者的全面对接。

二是改造交通基础设施和运载装备。智慧交通通过在基础设施和运输设备中安装多个传感器，准确检测、预警和智能控制基础设施本身以及周边运输设备和环境的状态，提高交通基础设施设备的自动化、智能化水平，规避潜在风险。

三是改造交通运输生产和管理方式。智慧交通打破了部门、公司、区域之间的信息壁垒，可形成全网络、多规模、多业务、多环节、多模式的综合物流生产组织模式，提高运输组织和行业管理效率，降低行业管理成本。

四是促进交通运输管理方式的精细化、科学化。智慧交通通过数据分析和及时应用，可以对实时交通运行进行全面、实时的控制，及时预警，使交通运输由粗放式管理向精细化管理转变。

五是为公众和企业提供透明服务。智慧交通数据透明，公司在任何时间、地点都可获得各类规章制度和综合行政法信息；管理者也能及时了解行业经营状况，发现和解决日常经营中存在的问题，制止各类违法行为。

二、国内外智慧交通发展现状

（一）国外智慧交通发展现状

20 世纪 60 年代以来，西方国家一直致力于智能交通研究，把交通信息化建设作为从政策规划到基础设施建设的重要方向。

美国在 2015 年启动智慧交通战略规划，计划在 2019 年完成双网更新和智能化。美国出台了一系列鼓励无人驾驶车辆发展的法律法规。美国于 2016 年发布《自动驾驶汽车政策指南》，从法律层面确认了自动驾驶的合法性，并将其纳入联邦法律框架。目前 ITS 在美国的应用已达 80% 以上，而且相关的产品也较先进。美国 ITS 应用在车辆安全系统（占 51%）、电子收费（占 37%）、公路及车辆管理系统（占 28%）、导航定位系统（占 20%）、商业车辆管理系统（占 14%）方面发展较快。

欧盟也协调部署了一系列文件推动智慧交通的发展。2010 年欧盟委员会制定了《ITS 行动计划》，这是欧盟关于智慧交通的第一份法律依据文件。之后欧盟又提出了在电动汽车、道路安全、智能交通系统、市场准入、二氧化碳排放等领域的战略实施计划，并计划在多个国家加强交通运输研究领域的科技合作。

日本政府也高度重视自主汽车、汽车互联网和智慧交通的发展。2013 年，日本政府办公室发布《创建最尖端 IT 国家宣言》。之后，日本内阁又制定了国家科技创新项目《SIP 战略性创新创造项目计划》，将智慧交通和自动驾驶系统的技术研发提升到国家战略高度，并计划在 2030 年建成世界上最安全的道路。

目前，国外智慧交通的应用主要体现在以下方面。

1. 智慧路灯

智慧路灯是智慧交通建设中的重要应用之一。它通过在路灯上布置传感器，广泛采集城市车辆信息。

目前，智慧路灯已经成为国外城市最重要的设备。如新加坡国土交通部提出了"智能 LED"公共照明现代化改造方案，并准备将 60 万盏路灯改造成由智能系统控制的智慧路灯。美国洛杉矶、芝加哥、纽约、西雅图、圣迭戈等城市也都安装了智慧路灯。芝加哥通过"安装在路灯柱上的传感器"收集城市道路信息，监测环境数据，对空气质量和噪声尤其关注。西雅图的智慧路灯可以提示空气和噪声质量，自动调节路灯显示颜色和温度。圣迭戈与通用电气和 AT&T 公司合作，在路灯中安装摄像头、麦克风和传感器，使路灯具有指挥车辆找到停车位和监控社区枪击声音的功能。另外，德国柏林、法国里昂、荷兰海牙也都对当地路灯进行了升级改造。德国柏林的灯杆可以提供为电动汽车充电的服务。海牙的智慧路灯安装在当地海滩上，配有摄像头、传感器和数据传输设备，可以调节灯光亮度，探测空气和噪音，控制交通，帮助游客找到多余的停车位。

2. 车载终端

在车载终端的使用方面，日本和新加坡最为典型。日本独特的 VICS 系统（Vehicle Information and Communication System Center）由日本道路交通情报中心建设和管理。居民可通过汽车上安装的车载终端接收 VICS 中心提供的实时交通信息。新加坡的车辆也配备了车载设备。管理系统在指定控制区域通过 ERP 城市交通管理系统（电子收费系统）进行监控，车辆通过电子收费站时，即可通过安装在车辆上的车载设备自动扣费。

3. 违法行为识别技术

在人工智能技术的支持下，车辆识别技术可以对车辆和行人信息进行识别、分类和统计，提高识别效率。拥堵是新加坡、伦敦、斯德哥尔摩等城市普遍存在的现象。新加坡在城市道路的交叉口、交通要塞、高速公路等公共区域设置电子眼，不仅能准确记录闯红灯车辆和车速，还能对违法行人进行处理。自 2003 年以来，伦敦用车辆自动识别技术来区分车辆运行路线，在中心区域进行拥堵收费。在斯德哥尔摩，通往市中心的道路上安装了 18 个道路监视器，通过射频识别、激光扫描和自动拍照技术，实现了对所有车辆的自动识别，缩短了违法行为的识别和处理时间。

（二）国内智慧交通建设现状

相对比发达国家，中国智慧交通建设起步时间较晚，智能交通向智慧交通的演变历程，大致可以概况为 3 个发展阶段。

20 世纪 90 年代中期至 2007 年：智能交通建设期。自 20 世纪 90 年代中期开始，国内组织相继展开了智能交通系统发展战略、体系框架、标准体系等研究，集中进行了智能交通关键技术攻关和试点示范。

2008 至 2011 年：智慧交通概念提出。2008 年底，智慧城市首次在中国提出引起各方关注，IBM 抓住机遇连续召开多场针对中国市场的研讨会，并与包括沈阳、南京在内的我国许多城市达成战略合作。智慧交通作为智慧城市中关键部分也引起了社会各界的研究兴趣。

2012 年至今：智慧交通开启建设序幕。2012 年，中国成立了智慧城市创建工作领导小组。作为智慧城市的重要组成部分，智慧交通拉开了建设序幕。2013 年，交通运输部提出了建设"综合交通、智慧交通、绿色交通、平安交通"的发展理念，将智慧交通作为国家交通运输行业的重点建设内容之一。2016 年，交通运输"十三五"发展规划中提出"要求各地开展智慧交通示范工程"。2017 年 9 月，交通运输部颁布《智慧交通让出行更便捷行动方案（2017—2020 年）》，中国智慧交通进入全面建设阶段。

目前，我国智慧交通多集中在一线沿海城市，南方发展水平较北方地区高。根据高德"互联网＋交通"研究报告（2016）显示，我国智慧交通建设指数排名前十的城市分别是北京、广州、深圳、武汉、上海、天津、宁波、成都、重庆和西安，南方城市占据 7 席。北京和广州分列前两名，南北呼应，占据了中国"互联网交通"的战略高地。综合来看，这十个智慧交通建设城市的共同点是：都是区域经济中心，甚至是国家重点经济中心；市场成熟发达，科技先进；市民互联网思维活跃，创新意识较强。

北京智慧交通，是交管部门全面引入大数据、云计算、人工智能等前沿科技，以"一云、一中心、三张网、五大综合应用"为架构构建的新一代交通管理体系，目的是实现"大数据、可见可控、移动互联"三位一体，全力打造信息化、智慧化、科技化的现代交通警务。

广州智慧交通系统通过多维集成，努力实现"五个应用"与"五个整合"的落地。其中，"五个应用"是指智能指挥系统、智能控制系统、智能安全防控系统和智能部队作战系统；"五个整合"指的是数据整合、设备整合、移动警务整合、区域整合、应用整合。

深圳市在 2018 年发布了《深圳市智慧交通建设顶层设计》，对建设项目进行了描述，设计了总体框架。其智慧交通一期工程建设总投入达到6.2亿元，用于实现全市道路交通监控设施"全覆盖、全高清、全联网、全智能"。该系统主要体现为"三个中心、一个平台"，即智能中心、指挥中心、监察中心及大数据和人工智能研判平台。其中，智能中心包括可进行动态和静态车辆检测的大型数据库；指挥中心全面搜集各类交通管理数据，对交通运行、警力资源和服务管理进行全景展示，营造一种更贴近实战的指挥新模式；监察中心集现场监察、电话监察、视频监察、数据监察于一体，其中数据监察是深圳部署的利剑，其特点可以概括为"全覆盖、全过程监控、自动快速报警"。大数据和人工智能研判平台通过深圳"警用交通云"存储平台的建设，实现了视频、图像、文件等多种业务系统的互联互通、统一接入、统一管理。

三、智慧交通面临的主要问题

（一）空间治理问题

1. 基础设施

近年来，随着经济和国民生活水平的提高，车辆利用与城市道路网之间的矛盾日益突出。据统计，我国车辆保有量的增长速度远高于城市道路建设速度，交通拥堵日益明显。近年来，全国各地都在修建、拓宽道路，但仍然无法解决交通拥堵和停车困难的问题。

2. 交通规划

目前我国各大城市产业集聚区多分布在城市中心，而居民多居住在城郊，这就造成了居住地与工作地明显的不匹配，导致一种规律性、周期性、单向性的交通现象，即潮汐现象。居住地和工作地的不平衡性，使得各个城市每天都会出现早晚高峰，不仅道路拥堵，还造成了资源浪费。

在交通规划方面，我国目前 600 多个城市中，只有北京、上海、广州等大城市有专门的交通规划研究机构，其他城市基本没有，交通规划的针对性、有效性都很差。另外，在交通规划中，"车本位"的思想一直占据上风，"人本位"的思想则很难体现。

（二）技术问题

物联网、大数据和人工智能技术虽然已经开始广泛使用，但在实践中还存在很多问题。我国交通面临人口众多、车辆众多等问题，数据的采集、处理和反馈是非常复杂的，对应的技术要求也很复杂。我国智慧交通建设，需要在这些方面实现技术突破。

智慧交通涉及前端设备通信传输网络、智慧交通中心建设、智慧交通数据共享。前端设备通信传输网络有视频专网、租用运营商电路或线路和自建网络可供选择，各地网络的不统一会使数据不统一，无法处理。网络不稳定，会导致传输不稳定、延时大、安全性差，也不能适应智慧交通建设的要求。因此，最好是建立智慧交通设备专网，而这一环节没有得到相应部门的重视。智慧交通中心的建设不仅要考虑与其他部门数据的共享，还要考虑车联网、自动驾驶通信网络的数据共享和数据衔接。另外，智慧交通网络还要与公安网、城市视频专网、互联网打通。这些决定了智慧交通对技术的要求很高，而目前技术的不成熟就成了阻碍智慧交通发展的一个问题。

（三）服务治理的矛盾

1. 停车服务

相比日益增长的汽车保有量，我国停车位严重不足，停车位缺口大。据国家发改委公布的数据，目前我国大城市小汽车与停车位的平均比例约为 1：0.8，中小城市约为 1：0.5，与发达国家 1：1.3 相比，我国停车位比例严重偏低，全国车位缺口超过 5000 万个。北京市停车位缺口量已经超过 250 万个，深圳、上海、广州、南京等城市的停车位缺口也均超过 150 万个，停车难已经成为困扰一线城市交通规划发展的普遍问题。

停车位严重不足，导致停车场需求巨大。由于停车场几乎属于公共设施，具有高投入、低收入的特征，开发商不愿意设计停车场。车位不足导致的随意停车等乱象，也给城市交通治理带来了很大困难。

2. 公交服务

我国城市人口多，公共交通服务水平与市民体验需求的矛盾也很突出。目前，北京、上海等大城市人口已经超过 2000 万，各省会人口近千万，但公交网络建设普遍落后，尤其是在上下班高峰时段，公共交通压力很大。虽然公共交通优先政策已经实施，但效果仍然很弱。在此，要提高公共交通的准点率。有的公交线路过长，拥堵的可能性比较大，导致一定时间站点的到达率较低，影响附近居民出行，尤其是儿童上学乘车较为困难。公共交通的舒适性和衔接性也有待加强，我国交通换乘体系建设不完善，看不到各种交通方式的优势互补，所以出行效率低。

（四）制度治理的矛盾

部门间信息交换与行政单位层级结构的冲突，导致部门间的数据交换和数据共享存在冲突。智慧交通建设以应用为导向，以大数据和人工智能为基础，需打破组织间的信息壁垒，整合各类数据资源，形成高度共享的信息。

四、智慧交通平台的构建

（一）交通管控平台

智慧交通管控平台是利用多种资源，实现对交通管控的信息共享，包含交通执法、稽查布控、分析研判、交通诱导、运维监管、指挥调度、态势监控等业务功能。城市通过交通管控平台，可提高道路交通管理水平和交通管控效率。

交通管控平台整体架构如图 5-1 所示：

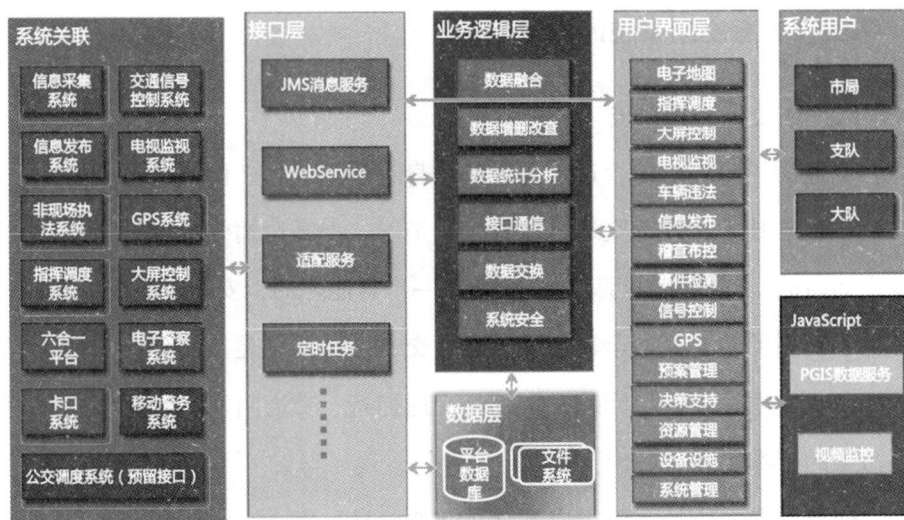

图5-1 交通管控平台整体架构

（二）交通信息平台

交通管控平台整体架构如图 5-2 所示：

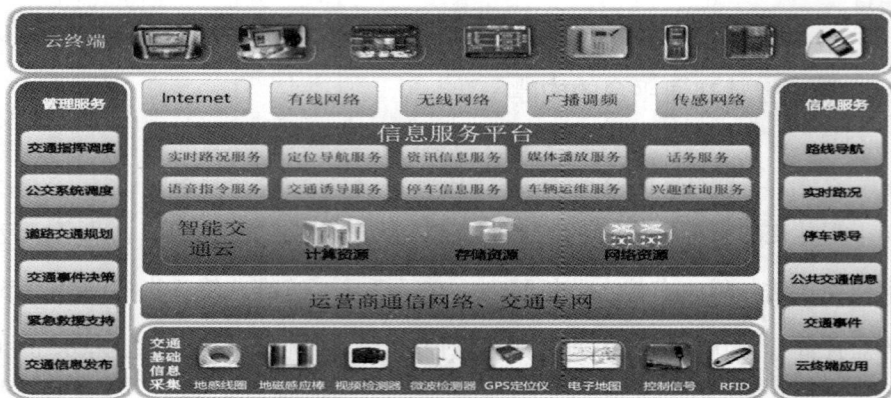

图5-2　交通信息平台整体架构

五、智慧交通系统的构建

（一）交通诱导系统

交通诱导系统是综合运用先进的信息、数据通信、网络、自动控制、交通工程等技术，改善交通运输的运行情况，提高运输效率和安全性，减少交通事故，降低环境污染，从而建立一个智能化的，安全、便捷、高速、环保、舒适的综合交通运输系统。智慧交通诱导系统是目前公认的全面有效地解决交通运输领域问题，特别是交通拥挤、交通阻塞、交通事故和交通污染的根本途径。

交通诱导系统的重要组成部分是交通信息采集、交通信息发布和交通信号灯智能控制系统。

1. 交通信息采集

高清电子警察。通过车辆与车牌唯一对应这一条件，利用先进的光电、计算机、图像处理、模式识别、远程数据访问等技术，对监控路面过往的每一辆机动车的车辆和车牌图像进行连续、全天候的实时记录，可进行闯红灯抓拍、实线变道、车牌自动识别、高清违法录像、车流量信息等数据的采集。

2．交通信息发布

（1）交通信息屏。采用绿、黄、红信息屏显示，分别对应路段畅通、拥挤、堵塞的情况；采用图文＋可变信息标志屏提示交通事故、施工、交通管制等；采用可变图文 LED 显示屏显示路况信息，滚动显示交通事件。

（2）移动终端发布。居民通过手机 App 查询公交信息、当前交通状况，以及道路信息导航、交通新闻等；通过车载终端可查询当前道路信息状况，通过内置实时地图导航可以实时规划驾驶道路，以便尽快到达目的。

（3）公共网络发布。通过公共网络平台以 GIS+ 实时交通状况 + 实时交通事件的形式发布城市路面的实时交通状态。

3．交通信号灯智能控制系统

交通信号控制系统的主要功能是自动调整信号灯，均衡路网内交通流的运行，使停车次数、延误时间及环境污染等降至最低，充分发挥道路系统的交通效益，必要时，可通过指挥中心人工干预，强制疏导交通。

它主要有以下几个功能：保障公交车优先通行的同时，控制拥堵段上游、下游多个路口，减少拥堵的影响；控制拥堵区域内外的车辆数，达到缓解拥堵的目的，有效预防及缓解区域拥堵；在保证行人过街需求的基础上，提高行人通行效率，减少等待时间，降低路段行人过街对机动车的干扰；平峰时实现绿波协调控制，提高干线通行效率；高峰拥堵时，实现红波控制，均衡排队长度，缓解拥堵。

（二）智慧公交管理系统

智慧公交管理系统是运用车辆定位技术、地理信息系统技术、公交运营优化与评论技术，将数据库、通信、电子卡、智能卡等接入公交关系系统，实现对公交的智能化调度、自动收费，乘客也可以通过手机 App 来获得公交状况，定位车辆。

（三）不停车收费系统（ETC）

不停车收费系统（又称电子收费系统，Electronic Toll Collection System 的简称）是利用车辆自动识别技术（Automatic Vehicle Identification）完成车辆与收费站之间的无线数据通信，进行车辆自动识别和有关收费数据的交换，通过计算机网络进行收费数据的处理，实现不停车自动收费的全电子收费系统。ETC 可提高收费通道的通行能力，降低人工成本。

ETC 系统也可用于车辆在市区过桥、过隧道时自动扣费，在车场管理中也用于在快速车道和无人值守车道自动扣停车费。ETC 可以大幅提高出入口车辆通行能力，改善车主的使用体验，达到方便快捷出入停车场的目的。ETC 主要采用的是射频技术、地磁感应技术、红外技术、视觉识别技术。

（四）智慧停车系统

智慧停车系统是基于停车服务的管控平台。它运用 GPS 技术、GIS 技术、智能终端技术、大型空间数据库技术、网络通信技术，采集停车场数据，为政府、主管部门、经营单位提供远程停车监管、数据统计分析，同时向驾乘人员提供实时的交通信息，诱导车辆停车等服务。

（五）智能停车场

智能停车场是将机械、电子计算机和自控设备以及智能 IC 卡技术结合起来，实现停车自动收费，自动存储。智能停车场通过车位探测器将停车场车位实时数据采集后，由节点控制器传输至中央控制器，中央控制器再传输至管理系统，进而对相关数据进行处理，给出引导信息。

六、智慧交通平台的应用

（一）路口优化管理

城市路网的拥堵往往集中在路口，把路口管理好，对路网的优化至关重要。通过智慧交通系统采集路口信息数据并进行分析，即可自动优化调控信号灯，解决路口拥堵。同时，优化地面区划，提高路口的通行能力、通行秩序和交通安全。

（二）区域交通组织

城市交通的拥堵具有时间性和空间性，不同时段、不同空间的拥堵情况不同。智慧交通管理在充分了解路网交通分布的基础上，可以通过动态交通诱导，把拥堵的点合理分布到路网上，从而将拥堵路段的车流引导到非拥堵路段。

（三）动态交通诱导

采用车流分流的定向和非定向诱导技术，可以很好地实现路网的均衡管理。

（四）紧急事件影响预测

智慧交通系统可通过各点的交通信息，准确判断该点的交通拥堵是否由交通事故导致，而且能够预测这一点的交通事件在一段时间后将扩散的范围，从而指导交通管理部门控制现场，进行合理分流。

（五）施工交通疏导

智慧交通中的施工交通疏导技术可解决城市中因施工占用路面导致的车辆行驶困难、城市道路混乱、车辆拥堵。

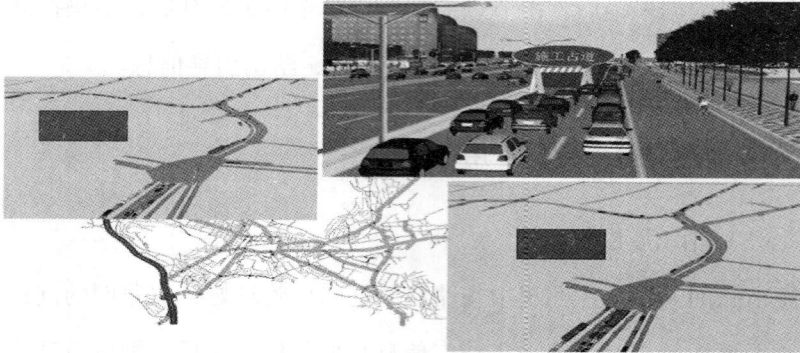

图5-3　智慧城市施工交通疏导

如图 5-3 所示，可采用动态交通仿真技术，分析因施工损失的道路通行能力，再设计道路施工期间的交通疏导方案，均衡引导交通流，最大限度地减少拥堵。

（六）交通需求预测

智慧交通系统可以根据当前路网数据，对未来路网发展情况进行仿真模拟，预测未来路网拥堵情况，从而进行交通规划、道路新建，建设新的智慧系统。

（七）智慧停车

运用智慧交通智能停车系统，停车场能够准确知道进车数量和剩余空位，通过电子显示屏合理引导外面的车辆，运用收费系统自动收费，减少用工，降低人工成本。

七、未来城市的智慧交通发展构思

（一）未来城市和交通发展趋势

1. 以服务为核心

智慧城市的建设使得城市向新的文明发展，城市逐步进入数字化、电脑化的 3.0 时代，主要体现在以下四个方面：

（1）数据采集

智慧城市将数据采集和信息采集的重点转向数据处理，为居民提供更高附加值的信息服务。

（2）信息分析

智慧城市强调认知智能，在继承以往快速计算和感知信息的基础上进行智能决策。

（3）城市建设主体

由政府主导演变为政企合作和多主体协同参与，满足多群体服务的多样化需求。

（4）功能应用

智慧城市新时代的重点是将应用与用户的核心服务需求相结合。

2．按需响应

国际权威机构普遍认为，未来 30 年内城市交通将发生颠覆性改变。麦肯锡咨询公司认为，未来人们的出行方式将受到物联网技术的巨大影响，新一代的交通基础设施和交通工具，如无人驾驶的使用，将会全面改变人们的出行方式和生活方式，同时也为人们提供更能满足需求的新型交通服务。美国《2016—2045 年新兴科技趋势报告》曾对未来 30 年交通相关的新兴科技进行了预测，认为物联网、清洁能源、数据挖掘、区块链、量子计算等技术必将对传统交通模式进行洗牌，城市也会越来越智慧化。

（二）未来城市和交通的关键特征

新一代的信息技术为未来的城市注入了源源不断的动力，推动了安全、便捷、高效、绿色、经济的综合交通体系的发展。未来的城市和交通系统将具体体现为以下四个关键特征。

第一，复杂的巨型交通系统需要构建互联、多样化、多维数据的大型全息数据感知系统。感知技术、物联网、数字技术和生物技术的创新、集成和高速发展，为实现城市中一切事物的互联提供了基础。交通运输系统也将发展成为一个集多源感知、机器视觉、计算机网络等技术于一体的复杂系统，体系更大、组织更复杂、需求更多元化、范围更广。

第二，城市将强调治理而非管理。政府向服务型政府转型，城市发展将突出智慧治理。未来的城市治理体系将整合战略城市体系、空间规划系统、公共政策系统、交通智能支持系统，将更加注重交通需求、交通管理的精确控制和个性化交通服务的提供。

第三，交通以可持续为重点，更加注重满足人们的出行需求和多方协作参与。未来城市交通将以通行能力为重点，提高出行的无障碍性和可持续性，更加注重多种出行方式的整合和周围环境的改善。城市通过将交通运营商、普通市民和其他相关群体结合起来，全面透明地参与交通出行可持续规划，创造高效的城市交通环境，创造宜居的城市和工业生态系统。

第四，注重智慧交通的多模式、网络化、协作化。未来，智慧交通将提供更多模式的出行方式，注重出多模式、网络化、协作化的交通体验。智慧交通建设的内容更加智慧，体现在四大体系：智慧感知（如智慧道路）、智慧决策（如智慧物流、智慧停车、定制化货运）、智慧运营（如智慧交通控制）及智慧服务（全链条个性服务，如智慧接驳、定制化信息、机器人取货）。

第三节　数据驱动下的互联网金融

一、概念界定

（一）智慧金融

智慧金融是指建立在金融物联网基础上，通过金融云，使金融行业在业务流程、业务开拓和客户服务等方面得到全面的智慧提升，实现金融业务、管理、安防的智慧化。

智慧金融与信息化技术是密切相关的，具有如下特征。

第一，大数据和数据感知。智慧金融面对的是海量的数据，在互联网技术的支撑下，可以对数据进行感知、测量、捕获和传递。基于海量数据的智能分析，是智慧金融的基础。

第二，智能决策。智慧金融在海量数据的基础上，运用算法模型，对客户、产品、数据等进行分析和决策，使金融机构可以及时提供更多样、便捷的服务。

第三，协作化社会分工。协作化分工可以为分散的客户提供更多样化的服务。同时，协作分工可以共享资源和信息，降低机构运营成本，分散金融系统风险，提高服务质量。

（二）互联网金融

互联网金融的概念最早由欧洲提出，后来在美国得到极大发展。国内首先提出这一概念的是著名学者谢平，他指出互联网金融涵盖了受互联网技术和互联网精神的影响，从传统银行、证券、保险、交易所等金融中介和市场，到瓦尔拉斯一般均衡对应的无金融中介或市场情形之间的所有金融交易和组织形式，是一个谱系的概念。

互联网金融有三大支柱。

互联网金融的第一个支柱是支付。支付作为金融的基础设施，在一定程度上决定了金融活动的形态。互联网金融中的支付，以移动支付和第三方支付为基础，通常活跃在银行主导的传统支付清算体系之外，显著降低了交易成本。不仅如此，互联网金融中的支付往往还与金融产品挂钩，促进了商业模式的丰富。此外，由于支付与货币的紧密联系，互联网金融中还会出现互联网货币。

第二支柱是信息处理。信息是金融的核心，构成金融资源配置的基础。在互联网金融中，大数据被广泛应用于信息处理，有效提高了风险定价和风险管理效率，显著降低了信息不对称程度。互联网金融的信息处理方式，是其与商业银行间接融资模式，以及资本市场直接融资模式的最大区别。

第三支柱是资源配置。金融资源配置是指金融资源通过何种方式从资金供给者配置给资金需求者。资源配置是金融活动的最终目标，互联网金融的资源配置效率是其存在的基础。在互联网金融中，金融产品与实体经济结合紧密，交易可能性边界得到极大拓展，不再需要通过银行、证券公司或交易所等传统金融中介和市场进行资金供求的期限和数量匹配，而可以由交易双方自行解决。

二、传统金融智慧化现状

目前大数据、人工智能等信息技术已经普遍应用于传统金融领域。例如在银行业，中国建设银行 2019 年 7 月推出"智能银行"，在银行大堂布置的智能柜员机，具有语音、视觉、证件识别功能。客户无须带卡，只需在刷脸识别后对着设备说话就可快捷办理转账业务。利用"云座席"服务，客户可以在网上办理以前只能在柜面处理的复杂业务。银行还利用 VR 技术，为客户提供 VR 驾驶服务，采用"视频＋直播"形式，举办讲座、沙龙等活动。中国农业银行也在打造智慧示范网点，其上海浦东分行已经实现了 5G 网络全覆盖，通过"5G+ 金融科技"，大幅提升了获客能力和客户体验。

三、传统金融智慧化路径

（一）渠道智慧化

传统金融智慧化的第一步是渠道的智慧化，通过网络渠道代替实体网点，通过信息化实现金融供需的直接匹配，降低交易成本和垄断利润。如银行业提供的网上银行、手机银行、微信银行等，通过移动端或 PC 端，用户在网上即可完成汇款、缴费、贷款申请等。再如证券公司，从营业厅开户和面对面营销转向线上开户，实现了异地开户，突破了区域的限制，提升了交易效率，降低了交易成本；通过线上投顾，也可提供交易、理财、打新、融资融券等服务，更好地满足客户的需要。

（二）产品的多样化

智慧金融的发展还体现在产品的多样化。以保险为例，通过大数据分析用户消费习惯，保险公司开发了一些全新的险种，如阿里巴巴的"互助保"，电子商务的"退运费险"，影视娱乐的"娱乐保"。在证券业，以阿里巴巴为代表推出的"余额宝"和其他的理财产品，丰富了证券市场，货币性基金得到了飞速的发展。再如银行，推出的标准化＋定制化相结合的贷款产品，更好地满足了小微企业的特殊需求。总之，金融交易的网络化和信息化为金融产品的丰富性提供了更多可能。

（三）服务个性化

基于大数据、人工智能的金融服务，将依据大数据进行差异化定价，实现量化决策、智能交互，并在此基础上为客户提供更优质和个性化的服务。同时深度挖掘客户的需求，开发增值服务。例如，保险公司可以根据用户的职业、行为偏好、风险偏好，进行用户筛选，做到产品的智能匹配。

四、互联网金融发展整体存在的问题

互联网金融作为信息技术下的新的金融形式，得到了社会的广泛关注，衍生了互联网金融交易、互联网金融投顾、互联网金融贷款等，但在急速发展的过程中，也产生了很多问题。

一是缺乏创造性。我国互联网金融企业大多直接复制国外模式，自身的创新能力差。互联网金融作为一个新事物，很难和传统金融抗衡，无法占据主导地位，就无法发挥它的优势。

二是存在信息和技术风险。目前，互联网金融企业的技术水平参差不齐，技术投资差异巨大，一些互联网金融企业也不可避免地存在较高的技术风险。传统金融企业具有强大的独立通信网络和高度保密性的内部系统，但互联网金融企业处于开放的网络环境中，容易受到攻击，增加了互联网金融账户的风险。同时，互联网金融的运行高度依赖计算机和网络，使互联网金融企业极易遭受系统性故障或遭受广泛攻击。

三是社会信用体系不健全。社会信用体系建设是金融经济发展的基础设施，由于我国尚未建立完善的社会信用体系，金融业无法获得企业和个人信用情况的充足数据，增加了互联网金融交易的风险。

四是道德风险。互联网金融平台受道德风险的影响很大。由于目前互联网金融平台防护措施参差不齐，有些企业便利用互联网平台恶意融资，出现很多卷款跑路的现象。还有一些恶意借款人，利用互联网金融平台进行诈骗。如果遇到这样的借款人，P2P平台和投资者都将面临资金损失。

五是法律和监管政策风险。互联网金融作为新兴的事物，政府监管还有很多空白。市场监管的不足，导致互联网金融平台违规和违法事件屡禁不止。

六是第三方支付模式风险。作为互联网金融的重大创新，中国的第三方支付市场迅速发展。但不可否认的是，第三方支付在快速发展中也产生了很大的风险和隐患。

首先是同质竞争风险。目前，中国有多达数百家拥有第三方支付许可证的企业。随着参与者的增加，行业竞争将更加激烈，同质化现象非常严重。一些第三方支付公司为扩大市场，大打价格战，甚至利用非常规的手段来争夺市场份额。同质化竞争，甚至恶性竞争，都会为行业健康发展埋下隐患。

其次是产业链风险。从目前第三方支付产业链建设来看，差异化较大。支付宝基于淘宝强大的电子商务生态，产业链较完善，在市场上处于领先地位。然而，另外一些第三方支付企业的产业链建设仍存在各种问题，如电信运营商建立的支付公司，由于缺乏强大的电子商务平台，在产业链合作中缺乏话语权，远远不能建立支付生态系统。

再次是创新风险。第三方支付发展至今已有十多年，取得了巨大成就。但现在科技形势变化很快，第三方支付企业只有不断进行平台创新、产品创新和模式创新，才能得到更好、更快的发展。然而，面对激烈的市场竞争，很多第三方支付企业仍然存在短视行为，忽视产品创新，忽视客户体验，在促进产业链合作和线上线下一体化方面缺乏良好的方法。

最后是盈利模式风险。目前，第三方支付企业向接入商收取结算费用是利润的主要来源，多年来没有新的突破。在实践中，有的第三方支付企业为了扩大用户规模，抢占市场，往往采取降低手续费的策略，这大大缩小了第三方支付企业的利润空间，使第三方支付企业的发展受到限制。

五、数据驱动下互联网金融建设方案

（一）智慧互联网金融商业模式

1. 商业模式创新

互联网金融的健康发展应在信息技术的支持下，通过大数据人工智能技术、区块链技术的应用，实现商业模式的差异化和创新。尤其是区块链技术，通过去中心化的交易模式，实现点对点的交易，避免产生交易中的道德风险、法律监管风险等问题。

2. 坚持以客户为主要导向，抓住客户的需求所在

在面临巨大风险的同时，互联网金融也蕴含着许多的商机，通过大数据技术，对客户需求进行深度挖掘，可提供大量增值服务。

3. 加强产品的创新，注重客户的体验

互联网金融企业应充分运用互联网优势，进行产品的创新，根据客户需求多样化的特点，及时进行产品的更新换代，更好地满足客户需求。

（二）保证资金安全

金融产品的核心是保证客户资金的安全。通过优质的第三方托管，做到资金运营和客户资金分离，是防止资金流失的重要手段。

1. 加强管理，防范经营风险

互联网金融企业同样具有传统金融企业所具有的操作风险，例如信用风险以及流动性风险等。互联网金融企业要想与潜在的客户进行充分接触，可行的方法之一是通过网络营销，但是这样的方法也具有风险。互联

网金融企业，若想长期运行，就必须放弃眼前的利润，不做高风险的业务，同时还要加强自身的风险管理，注重资金的负债匹配，防范流动性风险的发生。

2. 建立系统的风险控制以及处理机制

互联网金融企业应当根据风险的类别以及业务的性质，建立相应的风险管理控制机制，让内部的全体员工了解这一步骤的重要性，并且积极参与到内部风险控制当中去，及时发现问题，在企业中形成良好的控制风险氛围。

六、智慧金融发展措施

（一）智慧金融建设总体框架

智慧金融建设的总体框架如下：

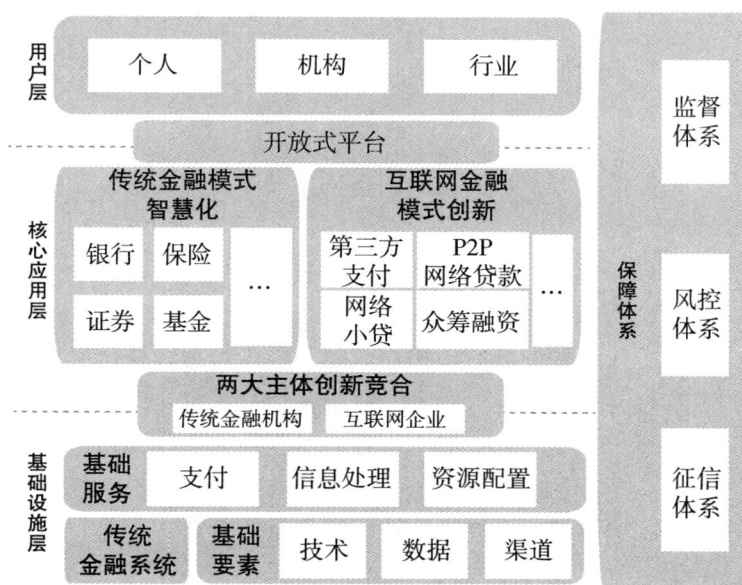

图5-4　智慧金融建设的总体框架

根据金融体系的特点，智慧金融总体框架分为三层：基础设施层、核心应用层和用户层。基础设施层包含技术、数据、渠道三部分，主要在支付、信息处理和资源配置三个方面进行建设。核心应用层分为传统金融的智慧化和互联网金融的智慧化。用户层是面向个人、行业、企业和机构的终端。三个层次彼此依赖、层层紧扣，相互独立又自成系统，最终以开放平台的形式形成闭环的金融服务体系，服务于终端用户。

（二）物联网在智慧金融中的应用

物联网金融是智慧金融的一种高级形式，从理论上来说，金融涉及更多的是服务模式、终端渠道的创新。物联网技术的发展，将对金融业的信用体系产生变革性的影响，有助于防范金融经营风险、提高管理效能、提升客户体验。

物联网的信用体系是建立在客观信用的基础上的。金融机构可以通过物联网技术的智能化识别、跟踪、定位，对不动产赋予信息属性，降低由于信息不对称带来的信用风险。银行可运用物联网技术实现资金流、信息流、实体流的三流合一，掌握贷款企业的运营全过程，实时监控生产过程、产品库存、销售情况等，从而及时调整贷款额度，开展贷款预警，降低违约风险。

（三）区块链技术在智慧金融中的应用

区块链技术在金融领域应用相对成熟。因为作为区块链底层技术的比特币，本身就属于金融领域。如今，各种类型的数字货币已经开始在国内广泛应用。在银行、证券业都有相应的应用场景。

前述已对区块链进行了详细阐述。区块链的分布式存储、开放性、不可篡改性、去中心化的技术原理，具有传统信息技术无法比拟的优势。可以解决目前互联网金融面临的众多问题，如交易中的道德风险、非法集资、卷款潜逃等，点对点的交易模式可以降低交易成本，减少中间环节。

综合来看，区块链技术在互联网金融中的应用体现在以下三个方面。

第一，应用场景特别适合"新型数据库、多业务主体、彼此不互信"。金融行业尤其是新兴的互联网金融行业，具有参与者之间信任度较低、交易记录安全性和完备性要求高的特点，这与区块链技术特点十分契合。

第二，区块链改变传统金融信息不对称。在金融领域，信息不对称是普遍存在的。例如中央银行和商业银行之间的信息不对称、金融服务参与方之间的信息不对称，这些会给企业经营造成障碍，有可能造成道德风险，还会降低市场效率，导致金融秩序混乱。

区块链数据的透明性和去信用化，消除了信息不对称的难题，使金融交易的过程数字化，有效控制了人为风险，减少了在交易中的沟通成本。分布式网络和共识机制的存在，也减少了金融企业受黑客攻击等系统风险。

第三，去中心化。互联网金融推动了金融体系的重构，尤其是在去中心化方面做了大量研究和探索。区块链的去中心化特性，使金融业的去中心化获得了实现的可能。区块链的去中心化技术应用于金融领域，可以提高资金配置效率，产生一批分散型、及时性、智能化的新型金融服务企业。在制度层面，则能打造出一整套具有开放性、透明性的新的"游戏规则"。

区块链应用于金融行业，链上的任何节点对数据的操作都会被其他的节点所发现，这样就可以有效防止数据泄露。毫无疑问，区块链的发展前景是非常广阔的，但是这些并不是一下子就可以做到的。随着金融技术的发展，不断地投入资本和人力资源，区块链与互联网金融必将进行全面整合，针对存在的问题，提出更合理的、更高效的解决方案。

（四）人工智能在智慧金融中的应用

目前人工智能技术中的计算机视觉、语音识别、机器学习、自然语言处理、机器人技术等快速发展。人工智能技术的不断成熟，将会代替更多人的工作，其在金融领域的具体应用如下。

1. 提高运营效率

金融行业的复杂性决定了运营过程中存在大量的数据，这些数据包含金融交易数据、用户信息、客户信用、风险分析、投顾信息等，而数据处理存在大量重复性工作，如用户身份证信息的扫描。人工智能技术可以处理大量简单重复性的工作，减少数据的冗余。人工智能的视觉识别技术可自动核验用户身份证信息进行人脸识别，减少劳动力；自然语言处理技术能够将金融系统中的非结构化数据处理为结构化数据，帮助金融从业人员从数以亿计的信息中筛选出有价值的信息，提高搜索效率。

2. 提升服务质量

人工智能不但能提高运营效率，降低劳动成本，还能够改善金融服务模式。如：通过智能客服，可以为用户提供 24 小时不间断的全方位服务，服务的时间和地点都不受限制。智能客服不受人员和占线的限制，可减少用户等待时间，为客户提供更好的服务体验。

人工智能对金融服务质量的提升，还体现在通过对客户的个性化分析，提供更优质的增值服务。如智能投顾，可以在客户购买权益类产品时，提供免费的咨询，帮助客户更好地分析产品和了解风险，帮助投资者购买符合投资目的和风险承受能力的产品，增强客户对金融机构的信任度。

第四节　数据驱动下的智慧医疗

2016 年 10 月，中共中央、国务院发布了《"健康中国 2030"规划纲要》，明确提出：推进卫生服务供给侧结构性改革，积极适应人民健康需要，深化体制机制改革，优化要素配置和服务供给，弥补发展中的不足，推动卫生产业转型升级，满足人民日益增长的卫生需要。医疗大数据和人工智能技术在医疗领域同样具有广阔的发展前景。

一、医疗大数据

医疗大数据是指人们在疾病预防控制、卫生保健管理等过程中产生的与卫生保健相关的信息。它涵盖人类的整个生命周期，包括个人健康和医疗服务、疾病预防和控制、健康保护和食品安全、保健以及数据收集和汇总的所有方面。

医疗大数据来源广泛，如医院应用的信息管理系统数据、制药企业实验研究数据，以及医院人体生命特征监测设备、便携式卫生设备、临床决策支持设备（如医疗诊断成像设备）采集的数据和网络用户浏览搜索引擎记录的卫生活动信息等。

二、国内外医疗大数据发展状况

（一）国外医疗大数据发展状况

1. 美国

美国作为大数据的先驱，高度重视医疗保健领域大数据的开放和共享。2014年，美国联邦政府国家卫生信息技术协调办公室发布了《美国联邦政府医疗信息化战略规划（2015—2020）》，明确了医疗数据共享的三个应用目标，即提高医疗服务能力、改善公众和社区的健康水平、促进医学知识的研究和创新。

美国卫生与公众服务部建立了联邦政府网站，该网站数据来自医疗保险和医疗补助服务中心、疾病控制中心、食品药品监督管理局、美国国立卫生研究院，涵盖范围广，涉及医疗领域各个方面。这些数据向社会开放，内容包括临床服务质量信息、国家卫生服务提供者名录、最新医学和科学知识数据、消费者产品数据、社区卫生服务绩效信息、政府开支数据等。

通过对医疗大数据和人工智能的统计分析，美国加强了产业治理，卫生管理者能更客观全面地把握医疗机构的运作水平，减少医疗浪费，提高卫生管理水平。麦肯锡研究报告显示，如果医疗大数据和人工智能被有效地使用，每年可以为美国节省 3000 亿到 4500 亿美元的医疗保健费用。

2. 英国

大数据和人工智能已经成为促进英国经济强劲增长的领域之一。2013年，英国政府公布了《英国数据能力发展战略规划》，把发展数据挖掘技术作为英国经济发展的战略计划。英国政府还专门建立了政府大数据和人工智能网站，在促进大数据和人工智能创新应用的同时提高数据透明度。该网站涵盖了 12 类数据，包括政府、商业经济、卫生、教育、环境和交通领域。英国通过该网站将分布在不同行业和组织的数据整合至一个可搜索的平台上，数据更易于访问，这意味着公众更易于根据详细信息对政府决策提出建议。

截至 2018 年 4 月，英国卫生部门共有 2148 套公开数据集，包括全科医疗服务、处方和药物记录、注册全科医疗患者人数的信息，以及居民吸烟、饮酒、肥胖、体力活动、饮食等方面的数据。

3. 日本

日本对信息与通信技术产业的发展一直非常重视。日本实施国立大学医院医疗信息远程传输网络系统计划，福山大学附属医院累计收集超过1700 万病历记录和 1.43 亿件用药处方及 300 万件病名，可实现处方自动分析和匹配功能。

2012年7月日本总务省发布《活力ICT日本》新综合战略，将大数据作为重点发展领域。2013年6月，安倍内阁正式公布新IT战略《创建最尖端IT国家宣言》制定了以开放大数据为核心的IT国家战略，要把日本建设成为一个具有"世界最高水准的广泛运用信息产业技术的社会"。该宣言的核心要点包括向民间开放公共数据、促进大数据的广泛应用、促进个人数据的流通与运用。

日本政府将健康医疗大数据用于控制医疗费用。据政府推算，由于受人口老龄化的影响，2025年日本的医疗费用将从2012年的35.1万亿日元增加到54万亿日元。如果加上护理费，医疗支出将增加到73.8万亿日元。

从2015年开始，政府利用诊疗报酬明细表的数据来控制医疗费，通过对大数据的分析，计算出医疗费中的浪费部分，促使各地方政府设定控制医疗费的具体数字。政府制定了在2025年前削减5万亿日元（约487亿美元）医疗和护理费用的目标，而利用大数据控制将成为其中的一项手段。

（二）国内医疗大数据发展状况

1. 国内政策风向明显，健康医疗大数据已上升为国家战略

发展健康医疗大数据已上升到国家战略高度，国家从战略规划、技术能力及应用与管理三个层面积极落实推进大数据发展政策，加速大数据产业发展从理论研究进入应用，近年来政策密集出台，政策风向明显。

2. 我国已初步建立健康医疗数据库

我国已初步建立健康医疗数据库，形成人口健康信息化体系，并在信息技术结合医学研究、健康管理等领域卓有成效。

在生物数据库方面，国家基因库2016年正式建成，该基因库集生物资源样本库、生物信息数据库和生物资源信息网络为一体。

3. 我国数字化起步较晚，健康医疗大数据主要专注于数据采集

由于国内数字化起步较晚，国内很多企业主要解决数据采集问题，着力于通过统一的数据标准，将数据结构化。目前国内应用现状在数据挖掘分析及分析平台搭建上的能力尚有欠缺：数据分析的平台化能力较弱；更多集中在单一方向，多元化数据分析意图的整合较少；价值呈现与价值流转没有形成生态循环。

国内市场专注于数据采集，从行业发展趋势看，数据分析才是大数据的价值所在。在实现数据价值化后，未来还将利用计算工具来帮助智能决策，实现跟踪患者信息并快速提供反馈。国内健康医疗大数据领域聚集了一批优质企业，如肿瘤大数据领域的思路迪、医诺智能，产业大数据领域的火石创造，多病种大数据领域的医鸣数据和零氪科技等。

三、医疗大数据和人工智能在公共卫生领域中的应用

（一）疾病预测和预防

医疗大数据和人工智能可以帮助人们更好地预测和预防疾病。2009年，Google 成功预测了冬季流感的传播。2014 年，Google 孵化了一个名为 Baseline 的医疗健康项目，用大数据和人工智能来预防癌症。它从 175 个人中采集基因、分析信息、描述健康人的身体状况，再搜集这些人的尿液、唾液和眼泪、基因组、父母遗传信息、代谢实物、营养和药物、心跳、压力反映等方面的数据，利用 Google 强大的计算能力，寻找这些信息中的"生物标记"，从而预测疾病的发生率。

在美国北卡罗来纳州，也建立了一个基于大数据和人工智能技术的综合癌症信息和监测系统，集成了不同的数据和方法。它从个人、卫生保健提供商和地区卫生服务机构（如国家癌症登记处、私人健康保险计划中心）

等不同途径收集、整合和更新与肿瘤相关的数据，为不同领域的研究人员研究癌症、预测癌症提供了可能，并且非常方便。

（二）循证公共卫生决策

循证公共卫生决策是指慎重、准确和明智地应用现有最佳研究证据，同时根据当地情况和民众需求，制定出切实可行的卫生政策。

近年来，循证医学的概念已被人们接受，其理论和方法已渗透到卫生决策和临床实践的许多方面。但循证公共卫生思想难以形成，导致循证公共卫生决策可供研究的因素很少。《柳叶刀》上的一篇文章指出，在中国推广循证公共卫生政策的最大障碍是研究人员和决策者之间的许多认知差异。而在大数据和人工智能中添加个人数据集为循证医学提供了最有力的证据，确定了小样本无法做到的细微差别。大数据和人工智能技术的应用无疑将加速我国建立循证公共卫生决策数据库的进程。

（三）健康管理、健康监测和个性化的医疗保健

医疗大数据和人工智能，使研究人员能够更好地管理和监测公众的健康状况，并提供相应的医疗服务。

健康大数据和人工智能主要有两个来源：电子健康记录和电子病历。使用健康大数据和人工智能技术和方法，可以将传统的健康数据，如电子和纸质医疗记录，链接到其他个人数据中，如饮食、睡眠、锻炼习惯、生活方式、社交媒体和休闲、收入、教育等，积累起来并上传到云平台。通过对这些数据的挖掘和分析，可以获得更加完整的健康状况和疾病预警信息，特别是针对个体在一定时期内可能发生的主要疾病，结合个体的遗传特征和完整的病史数据，对健康风险因素进行比较分析，跟踪疾病进展，判断短期风险和长期预后，可以获得比临时诊断更准确的信息，从而做出更有效、更个性化的临床干预和健康指导。

健康监测是对个人健康的生命周期管理。利用医疗大数据和人工智能，医务人员可以在任何时间、任何地点访问想要知道的相关信息。

个性化医疗服务的最重要特征是在个体健康管理和个体健康风险因素综合评价的基础上制定差异化健康促进计划。大数据和人工智能为疾病诊断和个性化治疗开辟了一条新途径，被认为是当前医学领域的一大进步。例如，在个性化癌症护理领域，美国临床肿瘤学会的"肿瘤学快速研究系统的多阶段计划"使用开放源代码的专有软件，对 10000 名乳腺癌患者使用过的 22 种具体措施进行评估，评估完成后，医管局会通过检讨和检索医疗纪录、提出假设、评估情况，向临床医生提供实时循证资料和治疗进度建议。

四、智慧医疗在医疗卫生改革中的作用

智慧医疗是以医疗大数据和人工智能中心为核心，以电子病历、居民健康档案为基础，以自动化、信息化、智能化为表现，综合应用物联网、射频技术、嵌入式无线传感器、云计算等，构建高效的信息支撑体系、规范的信息标准体系、常态的信息安全体系、科学的政府管理体系、专业的业务应用体系、便捷的医疗服务体系、人性的健康管理体系，使得医疗生态圈中的每一个群体均可从中受益。

（一）优化卫生资源配置

卫生保健改革的目的是通过优化配置有限的卫生保健资源，最大限度地满足病人的医疗需求。利用大数据和人工智能可以准确地匹配公共卫生服务的需求，解决信息不对称问题，使医疗卫生服务供给决策更加科学、准确。具体而言，大数据和人工智能利用以人口特征为核心的基础数据、卫生服务资源的地理分布数据和卫生服务机构的空间分布数据，使决策者

能够直接、准确地配置卫生服务资源，实现资源的有效整合，避免出现平均主义或供给不合理的现象。大数据和人工智能突破了学科、地区、机构之间的合作障碍，使基础薄弱的偏远地区的患者也能享受到大城市、大医院、大专家的高质量、高水平的医疗服务。

（二）提高医疗服务质量和效率

医院的核心是临床治病。因此，合理利用卫生保健大数据，实现数字化医疗、智慧化医疗和精确化治疗具有重要意义。

在临床诊断方面，利用医疗大数据和人工智能分析技术，对疾病的临床特征和治疗方案进行研究和分析，建立疾病模型数据库和专家系统，可实现疾病的自动诊断。

在卫生保健大数据和人工智能的支持下，分级制的实施促进了优质医疗资源的沉淀，远程医疗的实现促进了优质医疗资源的普及，电子卫生档案信息的共享保证了准确治疗的基础，不仅降低了群众的医疗费用，而且提高了治疗质量。与此同时，医疗大数据和人工智能正在推动基于互联网的健康咨询、预约登记、场外计费、移动支付等一系列惠民便民的举措，实现了让数据多跑路、群众少跑腿的目标，从而大大提高了公众的满意度。

（三）降低医疗成本

政府部门在制定卫生政策时需要进行成本核算。基于医疗大数据和人工智能对完整信息的成本核算，促进了决策的科学化和预算的准确化。

基于医疗大数据和人工智能，医院能够有效地进行成本核算工作，使医院成本能真实、全面地反映医疗服务的资源消耗情况，有利于医院的良性运转。同时，该数据可也用于标准用药评价、管理绩效分析等。

医疗大数据和人工智能通过信息整合实现了群众电子病历数据的共享，从而使所有的健康信息都能被记录下来，成为一条连续的"健康线"，解决了病人信息碎片化问题。当病人就诊时，医生可以方便快捷地了解病人的健康信息，不必从零开始，甚至在不同的地区、机构，看不同的医生，均可以通过有效、连续的治疗记录，获取病人信息，减少重复检查，降低病人成本，并给病人提供高质量、合理的治疗方案。

（四）强化对医疗机构的监管

通过实时动态挖掘医疗大数据和监测网上舆论信息，卫生行政部门可以分析和研究医疗服务资源的分配、利用以及卫生政策的执行情况，查明社会关注的重大医疗问题，为医疗改革提供科学依据。医院还可以利用医疗大数据和人工智能来实现内部质量控制、绩效考核、成本核算、医疗保险分析等，还可以监控医疗技术人员的用药、检查等行为，纠正不正之风。

（五）保障药品供应

1. 药品研发

在新药开发的早期阶段，通过数据建模和分析可以确定最有效的投入产出比，并且可以利用资源的最佳组合来中止次优药物的研究。在药物开发和临床试验阶段，制药公司可以以数据为基础，通过有效的关联分析、药物疗效评价，包括安全性、有效性、潜在副作用和总体试验结果等，加快新药研发。药品上市后，制药公司可以通过数据分析进行数据营销，实现双赢。例如，基于效果的定价策略有助于医疗机构控制成本，有助于患者以合理的价格获得新药，有助于制药企业获得更高的利润。

2. 药品质量管理

利用大量的药品质量监督数据，及时、准确地检查流通中药品的常见质量问题，及时向社会发布药品质量信息；建立药品信息跟踪系统，及时发现药品生产、储存、流通和使用中的潜在隐患，保证药品质量；实施以药品质量等关键属性为基础的预警机制，通过对复杂监管情景的分析、评价和管理，加快药品监督结果的输出，促进药品管理和决策的科学、方便、可靠。

（六）改革医疗保险支付制度

1. 实现医疗保险异地结算

医疗大数据和人工智能通过数据共享，可以实现各地就医报销的智能化，做到快速化审核，解决群众报销难的问题。

2. 防止医疗保险欺诈

医疗保险机构通过卫生保健大数据和人工智能进行全过程监测，筛选分析，发现典型问题，如不合理的医疗检查项目或不合理的高价值医疗耗材、诊断与处方药适应症不匹配、药品用量超标等，有效降低造假率。

五、智慧医疗建设面临的挑战

由于历史和习惯等原因，我国医学"重临床、轻数据"的现象比较普遍，医疗数据呈现出数量大（因为人口基数大）、质量差的特征，缺乏统一标准、医疗机构间数据孤岛等问题，在很大程度上影响了健康医疗大数据的发展。

（一）打通信息孤岛达到互联互通

我国医疗行业在快速发展的同时，各医院间、科室间数据孤岛现象严重，健康医疗数据的利用困难重重。政府需要加大基础网络设施的建设，并且鼓励各医疗机构建立健康医疗大数据的相关技术体系，畅通资源共享渠道，依托政务网构建横向到边、纵向到底的健康医疗信息网络，进一步在国家层面建立全民健康医疗大数据的收集、应用体系。

（二）保障数据安全可控

在健康医疗大数据的应用和发展过程中，数据安全要放在重要位置，需要相关制度的保障和切实有效地落实，尤其是在规章制度的完善和建设上，汲取域外的经验，对数据安全的保护纳入法律范围之内。

健康医疗大数据与个人隐私密切相关，在法律法规层面，国家要明确相关立法，使大数据在应用的过程中权责明晰，不让数据利益相关人的权利受到损害。在医疗健康大数据的使用中，要明确相关的程序和监管责任，明确各环节的管理义务。

（三）缺乏高素质水平的专业人才队伍

目前我国的医疗卫生信息化水平与发达国家存在较大的差距，最主要的原因是缺乏高素质高水平的专业人才队伍。我国对健康医疗大数据的应用还在初始阶段，整个医疗领域缺乏医疗业务水平强、现代技术过硬的复合型人才。

（四）数据共享过程缺乏行业标准规范

在确保健康医疗大数据收集环节的广泛、多样、真实、互联后，还应将采集数据的标准和规范进行统一和完善，对大数据技术和管理等方面进行规范化和标准化。

（五）健康医疗大数据应用需求尚未充分挖掘

健康医疗大数据的挖掘分析，需要有需求的引导，目前健康医疗大数据应用的需求还未充分展现出来，如在卫生管理和卫生决策中的应用仍未充分发掘。

在政府层面，需要制定配套制度并完善相关法律，由政府主导梳理和建立健康医疗数据目录，并将大数据进行分级、分类、分地域和分专业的编制，将横向大数据和关于个人的纵向大数据整合，并进行针对居民的个性化医疗服务，以及针对医疗研究的横向大数据的应用，不断扩宽健康医疗大数据的应用范围。

六、智慧医疗建设方案

（一）建立城市医疗大数据和人工智能库

随着信息技术在卫生保健领域的应用越来越广泛，城市需要不断拓展智能卫生保健，即建立医疗大数据和人工智能库。

在组织部门上，应由卫生部门主要领导组织、建立工作体系，成立医疗信息工作组，在卫生保健中开放应用大数据和人工智能。

1. 建立一个基本的大数据和人工智能系统

包括区域卫生信息平台、区域基层医疗机构管理信息系统、区域医院电子病历、远程医疗协作平台、区域协调中心、双向转诊、分级诊疗服务平台、卫生管理决策支持系统、卫生应急指挥系统、疾病预防控制系统、合理用药电子预警管理系统、辅助诊疗系统、数据中心和灾害管理中心等。在此基础上，推动应用开发和运营服务，包括卫生卡、预约注册统一管理平台、网上医院、城市医疗综合支付平台、药品物资、耗材综合监管系统、电子处方流通平台、家庭医生订约服务平台和医疗大数据和人工智能平台等。

2. 建设城市"互联网＋医疗"服务平台

整合各级医疗机构资源，建立完善的管理体系和业务流程，充分开放数据共享，实现医疗资源自上而下的连接。

在政策导向下，通过各种市场化运作模式，引入社会保障、商业保险、第三方检测中心等多种资源，共同提高城市各级医疗机构的医疗服务能力和效率；通过开发可穿戴式物联网健康管理设备、便携式健康监护设备、自助式健康监护设备和智能监护设备，收集动态连续的健康信息，为疾病预防和医疗服务提供动态的个人健康管理和干预服务；通过构建区域数字化医院联盟互联平台，实现分级诊疗的智能化管理，降低医疗管理成本，提高医院运行效率，促进医院之间的专业合作，为深入实施"互联网＋医疗"服务提供有力支持。

（二）智慧医疗大数据和人工智能体系建设

1.全民人口健康信息平台

在智慧城市电子政务云平台和人口健康信息平台的基础上，整合卫生保健大数据，核心业务包括数据采集、数据转换、数据上传和数据存档。数据采集系统是以自动采集各医疗卫生机构数据为核心功能的独立操作系统，集自动性、完整性、安全性、智能性和可配置性为一体。数据转换系统，是将数据采集系统采集的数据转换成符合国家标准的数据。数据上传系统负责将标准数据上传到母平台，数据存档系统则负责将数据按时间间隔进行备份。

2.建立卫生信息资源库

卫生信息资源数据库应该包括基本情况数据库、卫生标准数据库、人口信息数据库、电子健康记录数据库、电子病历数据库、公共卫生信息数据库、统计分析数据库和共享交换数据库8个子数据库。基本情况数据库包括机构、从业人员、固定资产和业务监督、知识库、业务规则等基础数据。卫生标准数据库利用国家卫生部的数据标准，制定市级卫生标准，包括术语、数据元素、数据集、字典。人口信息数据库要求能够有效地实现居民身份领域的唯一识别和全过程管理，为后续数据质量、卫生数据共享提供有力保障。电子健康记录数据库包括个人基本信息存储域、主要疾病与健康问题摘要存储域、儿童保健存储域、妇女保健存储域、疾病控制存储域、疾病管理存储域和医疗服务存储域等7个信息域的数据。电子病历数据库包括住院病历摘要、门诊（急诊）治疗完整记录、住院治疗完整记录、健康体检记录、转诊（医院）记录、合法医疗证明和报告信息、医疗机构信息等。公共卫生信息库通过收集区域内公共卫生机构的数据形成，有助于预防和控制重大疾病，特别是区域内的传染病。统计分析数据库以三大数据和人工智能库为基础进行数据收集和汇总，为政府决策和监督提供数据支持。共享交换数据库基于国家电子健康记录标准数据集和共享文档建立，为区域连通奠定基础。

3. 建立智慧医疗服务"一卡通"系统

建立智慧医疗健康一卡通系统，通过一卡通账户管理，为居民提供医疗服务预约、登记、诊断、治疗、支付等全过程的唯一识别，将原分散在各医疗机构的医疗保健数据串联到一起。

4. 建立智慧医疗云平台中心

建立智慧医疗云平台中心，高清视频和5G技术、云存储技术相结合，实现医学图像数据的无损传输和实时读取，有效提高医生的诊疗水平、读取影片水平。在云数据库中还存储了大量的医学图像数据，为进一步探索智能机器学习技术和虚拟现实技术，开展预测分析、虚拟医疗管理和人工智能等领域的研究奠定了基础。

5. 建立智慧医疗综合监管平台

建立智慧医疗综合监管平台，通过采集各级各类卫生机构处方、药品、医疗费用、设备、医师医疗行为、医保支付、基本药物使用等数据，可实现卫生数据查询分析、卫生信息监管、医疗行为预测等功能，为政府和卫生行政部门提供多方位、多角度的监管支撑，为区域卫生精细化管理提供有效支持，也能实现医疗卫生与民政、人社、药监、财政等相关部门的信息交换。

第五节 数据驱动下的智慧教育

一、智慧教育的背景与概念

（一）教育政策

教育政策的变化直接影响国家教育事业的发展。梳理我国教育政策的关键节点，可将我国教育政策分为三个阶段。

1. 教育政策前期探索阶段（1985—2009 年）

1985 年的《中共中央关于教育体制改革的决定》将"放权理念"写入教育改革政策中，标志着国家开始了对教育治理的先行探索。随后 20 多年我国相继出台的政策文件大都体现了教育治理的理念，即中央开始向地方下放权力，教育行政部门开始向学校校长下放权力，政府开始向社会下放权力。

2. 教育内涵拓展与快速发展阶段（2010—2013 年）

2010 年《国家中长期教育改革和发展规划纲要（2010—2020 年）》指出要建设现代学校制度，推进政校分开、管办评分离，构建政府、学校和社会之间的新型关系，教育治理开始由抽象理念转向具体行动。2013 年《中共中央关于全面深化改革若干重大问题的决定》明确阐述了深化教育领域综合改革的内容，提出深入推进管办评分离、完善学校内部治理结构、组织开展教育评估检测等革新意见。自此，教育治理的内涵在实践中不断得到深化，实施"管办评分离"成为推进国家教育治理的重要工具。

3. 教育改革系统推进阶段（2014 年至今）

2014 年，时任教育部长袁贵仁在全国教育工作会议上提出"深化教育领域综合改革，加快推进教育治理体系和治理能力现代化"，从国家层面正式提出教育现代化。2015 年教育部提出的《关于深入推进教育管办评分离　促进政府职能转变的若干意见》，2016 年教育部发表的《教育信息化"十三五"规划》和《依法治教实施纲要（2016—2020 年）》，2017 年国务院提出的《国家教育事业发展"十三五"规划》、2018 年教育部出台的《教育信息化 2.0 行动计划》以及 2019 年国务院提出的《中国教育现代化 2035》都不断对教育现代化和教育信息化的理念进行了丰富，拓展了教育现代化的内涵，进一步推动了教育领域现代化的进程。

特别是在 2016 年，国家开始从信息和数据的获取方面探索教育现代化的新方式和新途径。随后，教育治理逐渐出现智能技术的"身影"。例如，2017 年国务院出台的《国家教育事业发展"十三五"规划》中提出，要充分利用互联网、大数据和人工智能等新型信息技术以提高教育水平。2018 年教育部在《教育信息化 2.0 行动计划》中专门提出了提升"教育信息化能力优化行动"，指出要充分利用大数据和人工智能提升教育信息化管理水平、推进教育政务信息系统整合共享、推动教育"互联网＋政务服务"，指明新时代数据驱动教育的发展方向。2019 年《中国教育现代化 2035》提出加快信息时代的教育变革，其中包含推进教育治理方式的变革。近年来教育推动政策的发展表明，大数据和人工智能、互联网等新型技术越来越多地融入教育中，成为国家教育战略的一个重要组成部分，为解决我国教育发展的重大现实难题提供了新的路径选择。

通过对教育治理政策文件的梳理可以发现，自改革开放以来，实现教育治理逐步成为教育领域的重要命题，同时也是教育发展难题。随着时代的变迁以及新技术的发展，教育从量的满足到质的提升成为可能。为办好人民满意的教育，国家从战略高度出发不断加强对教育治理现代化的探索，并极力寻求一种新的方式解决教育问题，以加快形成全社会共同参与的教育治理新格局，最终提高教育的质量和效益。

（二）智慧教育相关概念

1. 智慧教育概念

智慧教育即教育信息化，是指在教育领域（教育管理、教育教学和教育科研）全面深入地运用现代信息技术来促进教育改革与发展。其技术特点是数字化、网络化、智能化和多媒体化，基本特征是开放、共享、交互、协作、泛在。

教育信息化的发展，对教育形式和学习方式带来了巨大的影响，通过对传统教育方式的改革，教育更具有前瞻性、适用性。

数据驱动下的智慧教育是以大数据为基础，依托物联网、云计算、人工智能等新一代信息技术所打造的物联化、智能化、感知化、泛在化的新型教育形态和教育模式，包含教育治理的智慧化、教育教学的智慧化、教育科研的智慧化。

2. 教育治理概念

教育治理是指通过国家机关、社会组织、利益群体和公民个人之间的合作互动共同管理教育公共事务的过程。"党委全面领导、部门依法管理、学校自主办学、社会广泛参与、各方共同推进"的现代教育治理体系，是一种"轻负担、高质量、高满意度"的良好教育生态。

教育治理的关注点在于协调多元主体的利益，形成教育治理的利益共同体。与"教育管理"不同，"教育治理"是把教育领域内各主体纳入行政范畴，充分发挥其能动性。"教育治理"产生于共识之上，这种教育共识是各方主体对教育达成的真实、正确和真诚的共识。推进"教育治理"，关键是构建新型的政府、学校和社会之间的关系，突破口是转变政府职能，重点是建立系统完备、科学规范、运行有效的制度体系，形成职能边界清晰、多元主体"共治"的格局。

3.教育教学概念

教育教学概念应该分别从教育和教学两个方面进行定义。

教育是教育者有目的、有计划、有组织地对受教育者的心智发展进行教化培育，以现有的经验、学识推敲于人，为其解释各种现象、问题或行为，以增长受教育者的能力和经验。教学是在国家教育目标规范下，由教师的教与学生的学组成的一种活动。教学是为个人全面发展提供科学基础和实践的途径。

教育教学分为基础教育和高等教育。联合国教科文组织对基础教育的定义是向每个人提供人所共有的最低限度的知识、观点、社会准则和经验的教育。我国基础教育包括幼儿教育、小学教育、普通中学教育（初中、高中）。

高等教育是在完成基础教育的基础上进行的专业教育和职业教育，是培养高级专门人才和职业人员的主要社会活动。中国高等教育经历了从精英教育到普及教育的阶段。2002年之前是精英教育阶段。1978年，中国的高等教育毛入学率只有1.55%，1988年为3.7%。1999年中国开始高校扩招，2001年毛入学率达到11%，2002年到15%。2002年到2018年是教育的大众化阶段，2014年，我国在校生规模达到3559万人，居世界第一，毛入学率达到37.5%，2017年在校生总规模达到3779万人，毛入学率达到45.7%。2019年，我国高职扩招100万人，高等教育毛入学率超过50%，进入高等教育普及化阶段。

4．教育科研概念

教育科研是以教育科学理论为基础，研究教育领域中发生的现象，以探索教育规律为目的的创造性的认识活动。

二、数据驱动下的教育治理信息化

（一）数据驱动下教育治理信息化现状

2010 年国家颁发的《国家中长期教育改革和发展规划纲要（2010—2020 年）》（以下简称《纲要》）和 2012 年颁发的《教育信息化十年发展规划（2011—2020 年）》（以下简称《规划》）明确把教育信息化提升为国家教育建设的重点。《纲要》指出"以教育信息化带动教育现代化，破解制约我国教育发展的难题，促进教育的创新与变革，是加快从教育大国向教育强国迈进的重大战略抉择"。《规划》则明确把"教育管理信息化"提升到"推动政府转变教育管理职能、提高管理效率和建设现代学校制度的有力手段"的高度。

文献研究表明，当前大多数关于教育治理的研究都是以教育事业的发展为逻辑基础的，包括教育质量、管理、监督、教育系统等方面，很少从技术的角度考虑推进教育治理进程的方式。智能技术的发展为解决教育发展的痛难点问题提供了新的思路，且数据驱动被认为是智能时代教育的必然走向。在这样的时代背景下，教育治理被赋予了数据驱动的新内涵。从大数据和人工智能视角探讨教育治理信息化和智慧化具有重要的时代意义。

目前，我国教育管理信息系统已初见成效。各级教育部门和教育机构实现了互联网接入。各地已经建立了学生、教职工、教育机构（学校）、中小学校舍、高校学生学历学位和就业等基础数据库，部分教育管理信息系统已开始发挥作用，例如通过全国中小学生学籍信息管理系统，学生转学业务可网上办理。

我国区域教育管理平台也在陆续建立，有的学校建立了线上课堂，为学生、教师提供个性化的网络学习空间，实现了师生教学效能和学校管理效能的即时分析。在这些地区和学校，教育管理信息化正在支撑和推动教育管理模式和教学方式的变革，已经产生了令人振奋的积极影响。

（二）大数据和人工智能对教育治理的影响

大数据和人工智能为教育治理提供了新的机遇，使教育治理主体从单一管理转向多元化的共享治理，教育治理决策从经验型转向数据型，从静态治理转向动态治理成为可能。

1.教育治理主体从单一管理走向多元化的共享治理

在教育领域，传统的教育治理大多是由政府以权威专断或大包大揽的行政手段来管理的，这使得管理是一种自上而下的单项输出，导致不同主体的教育诉求得不到充分满足。大数据和人工智能的出现，强化了教育治理与不同主体的依存关系，重新塑造了教育治理的主导地位。政府不再是教育治理的唯一数据来源，学校、社会等教育治理主体也成为数据提供者。教育治理相关数据的流通打破了政府的垄断地位，使其他主体也成为教育治理的重要参与者。此外，大数据和人工智能搭建的共享平台以其开放和自由的特点，积极支持学校、社会等不同主体参与教育治理，整合群体智慧，引导了政府、社会、学校之间新型关系的发展，进而使教育走向多元化共治。

2.教育治理决策由经验型向数据型转变

教育决策是教育治理的重要组成部分。传统的教育治理决策主要是通过综合抽样调查的部分数据和实际经验而得出方案，但数据的样本化和经验的主观性使教育治理决策可能偏离客观诉求。随着大数据和人工智能技术在教育领域不断深入，教育治理数据将被完整、如实收集，实时存储云端，经过深入挖掘、综合分析，做出的决策更准确，大大减少根据随机样本和主观经验得出的决策的不确定性。

3. 教育领域的治理模式从静态治理转向动态治理

当前的教育治理模式不是"随动而谋"的动态模式，而更多是"谋而后动"的静态模式。但静态治理模式已经不能适应复杂多变的教育问题，也不能充分适应大数据和人工智能时代的发展需要。动态治理得益于大数据和人工智能技术对教育治理数据的实时采集、实时监控、实时存储和实时反馈，能够满足教育治理主体的实时诉求。同时，根据教育行政部门收集的动态教育治理数据，可以针对教育热难点、社会福祉问题等做出符合民众利益的科学决策，实现教育治理的"随动而谋"。

（三）数据驱动教育治理的核心理念

大数据和人工智能作为改善教育现状、提高教育质量的重要工具，在教育治理过程中具有不可估量的价值。数据是教育治理的前提，数据驱动教育治理有三大核心理念，即用数而思、因数而定和随数而行。

1. 用数而思

用数而思是用"数据思维"来考虑教育治理的实施方略。数据驱动教育治理，一方面倡导超越主观经验，使数据"发声"，探索基于大数据和人工智能的科学解决方案，以更好地理解教育发展的客观规律；另一方面，应强调教育治理主体应具备数据应用意识和问题发现意识，要集思广益，从数据中学习，发现数据间的联系，辨别数据的价值，形成用数据思考的意识和思维方式。

2. 因数而定

因数而定指教育治理需要在数据的基础上做出科学决策。数据驱动教育治理强调，教育治理数据必须从局部小样本转向全领域、全范围的样本，这样才能为教育治理决策提供更客观、全面、完整的数据支持，确保教育治理决策的科学性、民主性和人性化。值得注意的是，因数而定不是唯数据论，教育治理主体还必须考虑到教育发展的现实，以客观公正的方式使用数据，并充分发挥基于数据决策的最大价值。

3. 随数而行

随数而行是指教育治理需要采用动态的数据管理模式。传统教育的治理是事后补救和处理，而大数据和人工智能时代的教育治理则是全流程的实时监管，如利用教育开展过程中监测到的数据对管理机构的决策进行警示和优化。教育治理数据的动态采集为动态教育监管奠定了基础，为解决复杂问题提供了切实可行的方法。随数而行的重要体现是从"碎片化"管理转向"网格化"管理。重新整合纵向层级制度和横向分工制度，形成网状结构，减少了信息不对称，促进了信息共享。

（四）教育治理信息化存在的问题

我国教育治理信息化尚处在探索阶段，在建设中仍然存在着一些问题。

1. 协同问题

我国国家教育管理平台的建设已经初见成效，但在教育管理信息化的各层面依然存在各自为政的现象，尚未形成有效协同。造成这个问题的原因一方面是各层分工不够清晰，各主体的权利义务尚未厘清；另一方面是地方和学校的建设思想还没有完全跟上国家政策，导致缺位、越位、错位的现象时有发生。

2.数据的准确性和应用服务的广泛性问题

由于教育类别和业务线索不统一，各个系统互相独立，影响数据共享，最终导致数据格式不统一、不连续。这样，学生人数、学校数量等基础数据在不同系统中也会存在差异。此外，国家教育基础数据库虽已初步建成，但相关的大数据和人工智能应用、数据挖掘、数据决策还没有得到有效开发，各层面的数据共享也尚未实现，这也影响了各主体推进管理信息化建设的热情和速度。

3.长效机制问题

一是经费问题。各省市教育经费投入不能满足教育改革快速发展的需要，部分省市甚至由于缺乏政策依据，相关经费难以获得财政支持。经费投入的结构不合理的情况，经费大多集中在网络、硬件等基础设施建设上，少有用于管理软件建设、开发人员费用等，影响了信息系统的正常运行。

二是建设机制问题，目前教育管理信息化建设的主要力量还是政府，尽管一部分企业已经有所投入，但政府和企业的关系还未理顺，市场活力尚未被全面激活。

三是运维问题，各省市普遍存在技术部门人员编制不足和人员素质不高的问题。专职技术人员缺乏，收入和待遇不高，使得技术人员引进困难，流失严重，教育信息系统无法得到良好的运营和维护。

（五）教育治理信息化框架和顶层设计

根据教育治理体系，国家教育治理主要是以各级各类教育治理数据为基础，进行宏观调控和决策，优化资源配置，完善教育政策。

区域教育治理主要是以跨领域的各类数据为基础，最大限度地维护区域教育公共利益，促进区域教育均衡、优质发展，并建立系统科学的制度体系。比如借助地理信息系统、大数据和人工智能，结合各地区人口的数据（死亡率、出生率、迁入迁出率、当前人口数等）计算分析得出结果，提供学区人口预测、学区合理性、学区可达性等服务，从而为教育管理者划分学区和配置资源提供依据。

学校教育治理主要是以评测各类教育、学习数据为基础，促进每个学生的全面发展，提高学校教育质量。例如，随着大数据和人工智能技术的发展，教育者能够快速取得学习者的数据资料，并了解他们的优劣，以便因材施教，量身定做教学指导。

教育管理信息化体系的顶层设计可以从建设、应用、服务和保障四方面来确定思路。

第一，建设目标。建成国家教育治理信息化体系。教育部建立全国学生、教职工、学校经费资产及办学条件基础数据库、教育决策支持数据库、专项业务数据库。各级地方教育部门建立相应的地方学生、教职工、学校经费资产及办学条件基础数据库，在此基础上，进行区域内通用管理信息系统及特色管理信息系统的建设，实现信息技术在学生教师、教学科研、后勤保障等各项日常管理工作中的广泛应用。

第二，应用目标。通过教育管理信息系统形成教育基础数据的搜集和全国教育数据的共享，积极探索在决策支持、监督监控、业务管理、评价评估、教育服务五个方面的应用开发，实现管理过程精细化、教学决策科学化、数据获得伴随化、评价主体多元化、教育服务人性化的目标。

第三，服务目标。教育治理信息系统为学校教学、管理改革服务，根据学校需求进行教学、业务、身份信息管理。它打通了全国、地方、学校教育系统，实现了管理平台全覆盖。

在国家教育治理平台的基础上，各省市级管理部门，可根据所管辖地市区县学校情况进行教育管理信息化的顶层设计：一是国家教育信息平台的推广和应用；二是制定本地系统和国家平台的接口标准；三是进行省级教育基础设施的建设和云平台。

各类教育机构则应构建以管理和教学为核心、以师生应用为导向的业务管理系统，为省级和国家级数据库提供动态数据。

（六）数据驱动教育治理的实践进展

1. 宏观层面：大数据和人工智能助力国家教育治理

当前，大数据主要通过提供教育科学决策服务助力国家教育治理。国家教育科学决策服务系统是教育部在大数据时代背景下，探索如何利用新一代信息技术推进教育治理现代化、提升政府治理能力的产物。（李伟涛，2017）系统上线至今，在数据比较、教育规划发展以及教育目标与指标监测方面取得了较好效果。该系统深度融合教育与人口、经济、产业发展等方面的数据，以"问题和任务"为导向，深度挖掘数据资源，发挥监测评价、预测预警作用，立体反映出各级各类教育的进展，基本实现了支持国家教育科学决策、监测教育现代化进程的预期目标。

美国通过国家教育统计中心构建了立体化的教育数据网络，以支持教育科学决策。（杨现民等，2016）以该中心为基础，国家级、州级、学区级及校级各数据系统之间实现了互联互通。教育数据快线平台作为一个"数据枢纽"，汇聚了各州的教育管理数据（含校级、学区级以及州级），并将这些数据"输送"给美国国家教育统计中心；同时，该中心对教育部各内部机构、各州教育主管部门、各地教育机构提供的可靠的中小学生学习绩效与成果数据进行分析，整合成联邦政府的教育数据与事实报告，从而为美国国家层面的教育发展规划、政策制定以及教育项目的管理提供决策支持。

大数据助力国家教育治理既基于数据，又超越数据，通过时空维度的证据整合，为教育的科学决策服务提供高质量的凭据。数据驱动国家教育治理将逐步发展为提供一种决策服务，包括科学决策、民主决策以及依法决策等，并最终成为一种成熟的机制。

2. 中观层面：大数据和人工智能助力区域教育治理

调研发现，我国已有多个地区将大数据运用于区域教育治理中，具体表现在区域教育质量提升、区域教育管理优化与区域教学问题解决三个方面。在区域教育质量提升方面，北京师范大学未来教育高精尖创新中心与北京市教委、通州区和房山区政府协作互助、积极探索，架构了区域智慧化教育服务体系，包括"智慧学伴"平台、双师服务平台、区域教育质量地图以及评估数据质量的核查系统等几个部分，有效推进了北京地区教育治理进程。

在区域教育管理优化方面，陕西省教育厅通过建设业务与承载的省级教育数据中心，推动了基础数据库与国家系统、自建系统、相关厅局系统、市县和高校系统之间的数据融合。经过多年的实践探索，陕西省教育厅在区域教育管理优化方面取得了巨大成绩，实现了教育系统远程视频会议全省通联、校园安全监控管理与应急指挥、教育总体情况的监测和专项工作的展示汇报，提高了教育监管治理和公共服务水平，加速了教育管理向教育治理的转变。

在区域教学问题解决方面，江苏省徐州市教育局利用智能巡课系统在全市中小学推行"学进去、讲出来"的教学行动计划，形成了对全市各校日常课堂教学状况的全景描述。借助智能巡课系统，徐州市教育局从6个方面进行数据应用分析，为解决各校教学问题提供了第一手的"课堂观察"资料。自2013年底徐州市推行这一计划以来，智能巡课系统已成为徐州市提高教学管理水平与推进课程改革的重要抓手，有效解决了全市各校课堂教学中存在的共性与个性问题。

3. 微观层面：大数据和人工智能助力学校教育治理

当前，数据驱动学校教育治理主要体现在学校提供"一站式"服务和社会服务两个方面。在学校提供"一站式"服务方面，上海复旦大学基于云计算、大数据和"互联网＋"技术的环境，以前期信息化建设为依托，制定了"一站式"服务总体规划方案，建立了面向服务的云计算平台，形成了层次化的数据服务与管理体系，创新了信息化"一站式"服务模式。在学校提供社会服务方面，贵州交通职业技术学院在行业的指导下建设完成了工程大数据实训中心，为提供优质的社会服务奠定了基础。学校一方面积极探索政府大数据条件下的建设管理模式，通过大数据云平台监控和收集工程现场数据与信息，有力支撑了学校行政部门的科学管理与决策；另一方面积极与行业企业联系，针对企业技术、公益、管理等方面的问题，创新行业企业继续教育形式，依托大数据中心整合行业企业、政府和社会优质资源以扩大职业教育的受益群体，使社会职业教育和学校职业教育通过大数据平台有机统一起来，形成教育新合力，提升职业院校的社会服务水平和质量。

（七）数据驱动在教育治理中面临的现实挑战

2012 年，联合国在《大数据促发展：挑战与机遇》白皮书中指出："大数据和人工智能时代已经到来，大数据和人工智能的出现将对社会各界产生深远影响，教育也不例外。"在大数据时代，教育治理面临从传统向现代变革的新机遇。而今，教育治理现代化的复杂性、长期性以及相关利益主体的多元性、特殊性，使其在制度、主体、人才、条件和研究五大方面仍面临诸多挑战。

1. 制度层面：相关体制机制不健全

实现教育现代化的前提是教育治理能力和治理体系的现代化，而这需要用法治来引领、以法治为保障、靠法治来奠基。要实行法治，必须具备完备的体制机制。然而，时下相关法制体制尚不健全，阻碍了数据驱动教育治理现代化的实现。一方面，总体上缺少大数据推动教育治理现代化的顶层设计，缺乏多元教育治理主体的权利、义务及责任划分的规章制度和法律条文，教育治理主体之间的权责不明晰，难以形成稳固的教育治理合力。另一方面，缺乏有关教育数据应用、管理、安全等问题的法律规范，教师、家长和学生的个人信息泄露问题时有发生，不利于大数据在教育治理领域充分发挥作用与价值。总而言之，在大数据助力教育治理现代化的道路上，需要以制度和法律法规为保障，确保各方面工作有序开展。

2. 主体层面：治理主体的数据素养亟待提升

多元治理主体共同参与教育治理是大势所趋。但是，目前治理主体的数据素养水平并不高，这主要集中在两个方面。首先是对大数据和人工智能的认识不足。治理主体没有考虑到教育治理相关数据之间的内在联系，而且对大数据和人工智能的敏感性不足，缺乏对相关政策、国际动态和应用方面的了解。其次是运用大数据和人工智能推动教育治理的理论和实践能力不足。教师缺乏利用数据解决教育问题的思维方式，如跨界思维、批判辩证思维与问题导向思维。而且，由于数据分析、解释和应用等能力不足，教师还没有突破"数据就是分数"的局限，这在一定程度上也阻碍了教育治理的进程。

3. 人才层面：大数据和人工智能专业人才短缺

近年来，大数据和人工智能行业蓬勃发展，教育系统正在转变为一个"大数据和人工智能生态系统"。但是，作为一个新兴领域，大数据与教育的深度融合，尤其是大数据与教育治理深度融合方面的专业性人才仍非常欠缺。教育治理本身是一个极度复杂的社会问题，而且教育大数据的采集、处理与分析等技术要求相关人员既要掌握常规的大数据应用技能，又要深谙教育发展的各项业务需求。纵观教育治理领域的运行现状，教育行政部门等机构中以管理人员、普通技术人员、普通职工为主，具备双重属性的专业性人才寥若晨星。因此，大数据领域的人才资源短缺，限制了大数据在教育治理领域的进一步发展。

4.研究层面：大数据和人工智能与教育治理方面的研究薄弱

在中国知网上检索"大数据和人工智能与教育治理"，可以发现截至2020年2月，相关文章在CSSCI杂志上只发表了28篇。"大数据和人工智能与教育治理"相关研究还停留在起步阶段，无论是理论经验还是实践经验都比较薄弱。一方面，缺乏大数据和人工智能推动教育治理的理论研究，比如缺乏对教育治理数据的分析能力研究。虽然我国的教育数据资源种类多、数量大，但由于缺少必要的实证研究，严谨收集、分析数据的意识薄弱，规范化、高质量的可用数据极少。另一方面，缺乏大数据推动教育治理的实践经验。就实际而言，关于数据驱动教育治理现代化，当前全国各地都处于探索阶段，且集中在一些信息化发展水平较高的地区，但这些地区的实践探索尚未形成可以推广的实践经验。

三、数据驱动下的智慧教育信息化

（一）智慧校园建设方案

智慧教育着眼于教育信息化，以满足教学、管理和科研三大关键业务需求为目标，建设的是覆盖学生、教师、家长、教育管理者等所有关联人群的完善服务体系。在智慧教育中，智慧校园是其中最基础的部分。

智慧校园总体架构可分为四层：基础设施层、平台层、应用层、应用终端。

基础设施层是智慧校园的基础设施保障。它为智慧教育、大数据和人工智能技术提供数据支撑，主要包含基础设施数据库和服务器的建设。

平台层是智慧校园的核心层，为智慧校园提供云存储、云计算和数据处理服务，为终端应用提供驱动和支撑。

应用层是为智慧校园提供应用的平台，包含教育环境、教育资源、教育管理和教育服务四个部分。智慧教育环境可以实现智能感知、智能控制、智能管理、互动反馈、跨域拓展、虚拟现实等。教育资源在软件上包含微课、电子教材等电子教学资源，在硬件上包含多媒体教室、智慧教室、实训环境、实验环境等。教育管理是建立面向行政管理部门、教学管理部门、科研管理部门、人力资源部门、资产管理部门、财务管理部门协同办公的管理信息系统。教育服务包含校园安全服务、校园生活服务、校园运维服务、校园日常的管理和维护、虚拟校园服务等。

应用终端层是面向老师、用户、管理者和社会公众的终端，以浏览器、App、微信公众号等为主。

（二）建设数据驱动下智慧教育人才培养体系

1. 在高校平台培养并储备大数据和人工智能、物联网人才

鼓励高等教育机构和专业机构开设大数据和人工智能、物联网相关专业，资助相关博士点、硕士点、本科点、专科点的建设；支持职业院校和中心等机构的相关研究项目，鼓励高等教育机构为大数据收集和人工智能研究机构推荐毕业生。

2. 支持大数据和人工智能、物联网企业培养和引进相关人才

推动建立校企合作的联合教育培训中心；鼓励大数据和人工智能、物

联网企业和科研机构、高等院校合作培养高层次人才，建设教育训练基地，对相关人才进行培训和教育；支持大数据和人工智能、物联网公司为参加职业培训课程的工人提供资助；鼓励大型公司和研究机构引进高级人才，并给予紧缺型人才相应奖励；支持大数据和人工智能公司、物联网和研究机构招聘基础工作人员。

3. 鼓励大数据和人工智能、物联网相关人才创新创业

支持大数据和人工智能相关人才创业，并为其提供创业资金和一定的优惠扶持政策；支持开发大数据和人工智能、物联网人才项目，并且根据实际情况给予相应的项目融资，给进行大数据和人工智能成果转化应用的企业或团队相应的经费资助；支持大数据和人工智能、物联网相关人才创新，给获得相关发明专利的团队或人才个人专项资金支持。

（三）构建教育信息化应用平台

经过多年建设，教育信息化已经成功为教育领域提供了很多可靠的数据资源，但是仍然存在着许多问题，例如数据开放性不够、整合度不够等。其中，数据开放性不够主要是因为各级学校、教育培训机构等各种主体的"垄断"，其优势项目不愿与别的教育主体共享；整合度不够则是由于数据资源分散，数据分析功能难以释放，很难执行数据集的操作，而且数据的价值难以发挥。

随着信息技术的普及，教学方法、教育情境和教育模式的不断创新，教学活动产生的教育数据量比以往大幅增加，如果没有有效的应用规划措施，教育数据资源面对的困难将更加严重。

创建具有大数据和人工智能特征和理念的教育信息化应用平台，是提高教育数据开放性和整合度、提高教育数据资源利用率的有效工具。

推动教育信息化应用平台建设，在设计各级教育机构的学生信息系统、

在线教育来源系统时，必须充分考虑大数据和人工智能的特点和重要价值，确保系统的数据结构、格式符合开放教育、共享和集成数据库的统一标准；在平台应用的具体规划中，不能主要考虑技术部门的决策，而是要重点关注技术部、管理部和教育部的联合决定；在制定教育资源整合战略时，应从小的部分开始，一边推进一边总结，先尝试整合学校教育数据，然后在区域中开展数据应用，最后对接国家级教育数据应用平台。

（四）开展基于数据挖掘和深度学习的资源推送机制研究

在数据挖掘和机器学习的支持下，系统可以对学习者的行为做出相关动态分析，如记录学习者在某一时间内浏览、检索或下载资源的类别以及数量等数据（主要是通过记录鼠标单击的次数以及分布），分析、总结学习者在学习过程中的爱好和倾向。此后当这名用户再次登录时，系统就可以向其推荐满足他爱好和倾向的相关学习资源。这种推送方式可以提高资源推荐的覆盖面以及准确性，更加智能化。也就是说，大规模教育数据的挖掘以及分析，可以更加精确地分析学习者的学习风格、倾向、认知水平以及兴趣爱好，从而为学习者推送与他匹配性更高的、更加符合他学习规律以及真实认知水平的个性化的学习资源，进而达到提高网络学习质量、增强学习效率的目的。所以，教育界人士应该对以大数据和人工智能挖掘和分析为基础的学习资源推送技术与方法展开广泛研究。

（五）开展基于数据挖掘和深度学习的路径优化

学习路径指的是学习活动的顺序。学习路径的意义，是通过在线教育中数据的挖掘以及深度学习分析技术，精确描述并不断优化学生的学习方法，制定学生最适合的学习活动序列。

由于每个学生所拥有的学习能力以及知识背景都不相同，在学习当中所反映出的认知特征和思维方式也存在着差异，因此完善学习路径的研究，应当把学习者作为重点，必须掌握每个学习者已有的知识经验、思维过程及表达方式等，才能顺利帮其完成知识的构建。

此外，优化学习路径，必须利用特殊算法对学习行为等相关数据进行处理，从众多的数据中挖掘分类模式及其规律，建立起可以预测未来发展趋势的模型。现在，获取教育数据的方法越来越多样化，例如通过在线课程系统就可以追踪记录学生学习过程中的行为，分析学生的学习爱好，通过工作流系统可以随时提取学习者的学习状态。大数据和人工智能技术，使我们可以更加细致地观察每一位学习者，为他们绘制出特有的学习方法图，优化他们的学习路径。所以，教育界人士应当对基于大数据和人工智能挖掘和分析的学习方法优化技术展开广泛的研究。

第六节　数据驱动下的智慧安防

一、概念定义

（一）公共安全

公共安全是指社会和公民个人从事和进行正常的生活、工作、学习、娱乐和交往所需要的稳定的外部环境和秩序。公共安全是国家公共安全机关维护社会治安健康稳定、创造和谐稳定生活条件的重要工作。

公共安全是国家发展和社会和谐的前提。只有以健全的公共安全体系作为保障，社会才能稳定，经济才能快速发展，公民才能安居乐业。因此，公共安全的质量与国家稳定、社会和谐、人民幸福密不可分。

公共安全的影响因素有很多，具体见表5-1。

表5-1　公共安全的影响因素

因素分类	主要内容
自然因素	气象灾害、地质灾害、海洋灾害等
卫生因素	人体卫生安全、水生物防疫安全、动物防疫安全等
信息因素	计算机信息、国家机密、核心技术、网络信息、商业秘密等
生态因素	海洋生态安全、动物生态安全、能源安全、交通运输安全等
社会因素	刑事安全、社会灾难、社会动乱、心理恐慌、恐怖袭击等
经济因素	金融安全、生产安全、交通运输安全等
技术因素	重要公共技术设施保护、高新技术的负面危害等
环境因素	废渣、废水、废气、毒气、噪声、光化学烟雾、放射性腐蚀性物质等

（二）公共安全管理

公共安全管理，是指国家行政机关为了维护社会的公共安全和秩序，保障公民的合法权益，以及社会各项活动的正常进行而做出的各种行政活动的总和。

公共安全管理是国家公共部门在公共安全领域行政权力的重要体现，目标是建设一个安全的社会，确保人民生活的安全和稳定。

公共安全管理是一项科学、系统、人性化的工程，既具有政府行政属性，又具有法律属性。从广义上来说，公共安全管理包括公共安全机关人民警察的聘用、解聘、队伍建设、内务管理、纪律、考核、奖惩、教育培训、科技装备等内部管理工作，以及治安、道路交通、边防、人口登记、刑侦、消防、出入境等外部管理工作。

二、大数据与公共安全管理的逻辑关系

（一）公共安全和大数据、人工智能密切相关

1. 大数据、人工智能融入公共安全

人们生产和生活的每一秒，都会产生各种各样的数据，如旅游、医疗、

餐饮等行为。得益于大数据和人工智能技术产业的爆发，这些数据都可转换成可分析的数据，并给人们更好的生活导向。例如通信软件根据用户手机通信录推荐相关好友数据，引导人们建立一个朋友圈；交友网站分析注册会员的工作特点、家庭背景和具体工资情况，有针对性地为其提供理想征婚对象。

延伸开来，政府数据、公共场所的视频监控数据、自媒体数据、富媒体数据以及居民日常行为数据都是公共安全范围的数据，也需要利用大数据、人工智能来处理，以期帮助政府制定更好的公共安全管理决策。

例如英国国家公路管理局利用大数据、人工智能技术，对一些数据进行分析研究后得出结论，通过控制匝道上的车辆数量，可以调整交通出入口和交通道路上的车辆流量，大大降低道路交通故障和交通堵塞的概率。

不仅如此，大数据和人工智能在防范恐怖分子、保护公民安全、提高案件侦破率、抓捕犯罪分子等方面也发挥了重要作用。

2. 大数据、人工智能对公共安全管理模式的影响

大数据和人工智能不仅是一个庞大的信息池，而且是一种先进技术。随着大数据和人工智能新技术的发展，理想的管理模式在现实中得以实现，以前的公共安全管理是行政主导，现在则可以通过数据的科学分析和逻辑推理来进行，更加科学，也更加合理。

在科技的浪潮下，公共安全管理者有必要加强对政府工作人员的大数据和人工智能思想教育，强调数据信息是一切科学分析、研究和推导的基础，让大家深刻认识到数据的价值。

（二）大数据和人工智能是公共安全管理的重要依据

1. 提高办案效率

随着科学技术的发展，视频监控、网络舆情、手机和互联网信息交互

的普及，警务工作中犯罪信息的获取渠道变得更加多样，公共安全部门记录的犯罪资源也更加雄厚，这有助于警方准确查找犯罪易发点，有效打击犯罪。以山东省为例，山东省会城市济南的案件侦破率高达99%，多维数据提取和快速数据分析功不可没。济南市的监测网除了内、外防线外，还包括社区等6个监测通道，办案人员在案发后能够及时定位案情、理顺案发因素、缩小嫌疑人范围，从而成功破案、抓捕犯罪分子。

2. 增强生活安全感

亚里士多德说：人们为了生存而生活在一起，为了追求更好的生活而长期定居在这里。21世纪，通过大数据和人工智能技术，指挥中心的工作人员通过数据显示屏，已可以实时监控城市中的各种问题，并能及时调度各种资源解决突发事件。

事实证明，在大数据和人工智能的背景下，运用信息、数据和科学的方法构建一个安全管理平台是有可能实现的。通过这个平台，城市问题可以很好地解决，从而给城市的安全管理带来新的机遇，给城市居民带来极大的安全、幸福和稳定感。例如，平台可通过调动各部门的资源，参考多部门的数据信息，开展数据提取和分析，以最科学的方式为市民提供满意的公共安全服务。

3. 推进公共安全管理改革

在传统安全管理中，公共安全事件的发生、发展和终结有多种可能，这种不确定性往往带来无法估量的损失。大数据和人工智能技术的应用，则大大降低了公共安全领域的不确定性。正如丹妮尔·埃斯特说："大数据和人工智能的发展促进了新的决策方法，提供了有效的决策依据，使政府的工作更加尊重事实，而不仅仅是纸上谈兵。"

三、国内外政府公共安全管理实践

（一）国外政府公共安全管理实践

美国是世界范围内大数据和人工智能实践研究的领头羊，大数据和人工智能在公共安全管理方面的应用取得了显著成效，主要表现在以下六个方面。

一是利用大数据和人工智能提升打击国际恐怖主义的能力。"9·11"事件发生后，美国建立了棱镜大数据平台，利用大数据挖掘技术、大数据智能提取技术和分析方法来获取和研究各种数据，找出各种行为之间的关系，进而预测犯罪分子的行动，为国家安全机构防范和打击恐怖行为提供了有力的技术支持。

二是利用大数据和人工智能保障社会安全。除了政府部门时时刻刻开展的反恐工作外，民营企业和社会公共组织也积极参与社会安全维护。国家通过制定相关市场政策，建成了一批高效、实用、可靠的大数据和人工智能系统和分析平台，如旅客安检辅助平台，可对旅客购票时提交的数据进行综合评分，评分高的旅客可以正常登记，评分低的旅客则可能会得到"特别"照顾。

三是利用大数据和人工智能降低刑事案件率，防止刑事案件特别是大型刑事案件的发生。大数据和人工智能技术可以从海量数据中提取和分析有效信息，从而预测刑事案件，有效减少案件的发生。如桑塔克鲁兹市的犯罪预测系统，通过分析案件数据来重点监控最有可能发生犯罪的地点，并不时加大巡逻力度。系统正式使用后，全市室内盗窃案件减少了11%，汽车盗窃案件减少了8%，犯罪分子归案率提高了56%。

四是利用大数据和人工智能提高防灾能力，查清治安隐患。加大灾害事故的监管力度，是公共安全管理的一项重要工作。据统计，纽约每年有3000座建筑物因火灾而受损。由于纽约市道路条件复杂，车辆较多，消防员往往难以在火灾发生的第一时间赶到现场。为此，纽约市公共安全管理部门利用大数据和人工智能对火灾数据进行提取和分析，总结出火灾发生的60多个重要因素，并进行分类，标明各栋建筑火灾发生的概率，对火灾发生概率高的建筑进行重点巡逻，这样就有效减少了纽约市的火灾发生率。

五是利用大数据和人工智能提升犯罪侦破能力。比如波士顿爆炸案。2013年初，波士顿爆发了一系列爆炸事件，造成180多人死亡。案件发生后，警方立即走访周边街道，查看相关监控，在私人手机中查找图像数据，从各个渠道、各个方面、各个维度获取数据信息，并在政府网站上请求公众提供各种数据。之后，警方通过提取、分析各类数据，快速找到了相关嫌疑人。可见，大数据和人工智能技术的应用为推动案件侦破提供了可靠的依据。

六是利用大数据和人工智能提升政府工作人员的监管能力。美国政府利用大数据和人工智能技术来处理公车使用问题，取得了很好效果。例如在弗吉尼亚州，州政府根据收费站之间的距离、车辆行驶时间、地点等数据，发现13个月来，共有5100辆警车超速行驶，由此开展了大规模的警力整顿工作，建立了警车使用和警员行为规范，有效提高了政府公信力。

（二）国内政府公共安全管理实践

随着我国对公共安全部门信息化建设的投入不断加大，公共安全部门掌握的数据资源不断增加，数据的广度和深度都有了质的提高。

目前，我国大部分城市都建立了基于大数据和人工智能的信息存储、挖掘、分析和共享的安防平台，如公共安全云、警务云等。另外，反恐、国家安全、交警等部门都建立了自己定制的数据分析系统，能够满足部门间工作的需要。

总的来说，我国基于大数据和人工智能的公共安全管理工作已经取得了长足进步，但现阶段我国大多数城市的发展成果仍然不足。与西方国家相比，无论是在概念还是具体应用上，差距依然明显，这体现在以下三个方面。

1. 大数据和人工智能源需要优化

我国城市公共安全管理工作者大多是服务于一线的。由于工作系统、自我意识、外部环境等原因，大多数数据分析系统都存在数据源不足的问题。有的信息不准确，有的信息不全面，有的数据不及时，严重影响了大数据和人工智能分析在我国大多数城市公共安全管理中的价值。

2. 大数据和人工智能应用水平低

我国公共安全大数据和人工智能的应用还处于起步阶段，有待提高。

现有信息系统采集和存储的数据主要是传统数据，新的数据类型没有得到保留。近年来，公共安全机关获取的数据量大幅度增加，数据类型也多种多样，包括网页、视频、音频、图片等，但与公共安全部门共享的数据还仅限于传统的文本信息，没有实现真正的数据共享。

数据处理与分析比较容易，而数据的挖掘、提取与分析还没有建立起统一模式，特别是非结构化数据。目前，传统的数据分析比较普遍，但也局限于简单的查询、匹配等，对非结构化数据的研究则较少，也缺乏专门的工具和平台。

虽然大数据和人工智能的应用在公共安全工作中取得了一定的成绩，但仍不能满足我国公共安全的要求。我们必须认识到大数据和人工智能在公共安全中的巨大价值，使大数据和人工智能朝着积极的方向发展。在这个过程中，会出现各种问题和困难，比如政府信息安全与政府信息公开的矛盾，人们的信息安全与人们的隐私权的矛盾，商业竞争与商业秘密的矛盾等。如果能够处理好这些问题，大数据和人工智能应用必将为政府的公共安全管理做出巨大贡献。

3. 高端人才短缺

大数据和人工智能应用的管理者和实践者都应是高端技术人才，例如数据存储人才、数据挖掘人才、数据提取人才、数据分析人才等，这些人才需要掌握全面的网络知识、法律知识、计算机知识，具备较好的语言组织能力。但是目前，人手不足、工作量大、工作人员学习积极性低等因素阻碍了大数据和人工智能管理队伍建设，高端人才极为短缺。

四、基于大数据和人工智能的公共安全管理改进建议

（一）更新公共安全理念

首先，各部门、各机关领导要树立"以数据说话"的公共安全理念，加强大数据和人工智能建设，重视大数据和人工智能的具体实践工作，注重大数据和人工智能的管理。大数据和人工智能作为一项新技术，谁能先理解、先掌握、先熟练运用，谁就有很大优势。因此，各部门的最高领导要加强培训，普及大数据和人工智能的特点和优势。

其次，公共安全机关警务人员，特别是一线基层警务人员，要改变以往的工作模式，适应新的工作特点，在今后的工作中加强对大数据和人工智能的管理和利用，积极收集基础数据，识别数据的真实性，维护老数据。同时，还应经常使用现有的大数据和人工智能系统，并提出相关建议和改进措施，使其更实用。

（二）打破多数据壁垒

各部门、各机构所涉及的信息是庞大而复杂的。在大数据和人工智能时代，每个人都会在医疗、旅游、通信、餐饮、就业、住宿等行为中产生数据信息，其中一些数据信息具有很大的价值，为公共安全部门的分析提供了重要信息。因此，各级政府部门一旦打破数据壁垒，实现数据交换，就能实现双赢。

公共安全管理能够稳定有序地开展，与政府各部门的数据支持密切相关，中央信息化部门和各级政府信息化部门要率先建立大数据和人工智能使用标准和制度，保证数据信息交换的安全性和及时性，同时制定和颁布大数据和人工智能管理考核评价办法，鼓励各部门利用、研究、学习大数据和人工智能。

根据社会实际情况，公共安全机关和政府新闻部门要加强与各部门的沟通，努力督促政府出台相应的大数据和人工智能激励政策，努力实现大数据和人工智能的整合。

公共安全机关还必须与政府部门和社会组织建立长期稳定的数据共享机制，获取信息资源，建立独立的公共安全机关数据库，包括但不限于交通、医疗、银行、通信、住房、婚姻、犯罪、生育、贷款、购物等。

基层公共安全人员是大数据和人工智能应用的实践者和测试者。他们的意见很重要。他们可以知道大数据和人工智能应用的缺陷在哪里，改进的方向在哪里，如果缺乏基层公共安全人员有力的配合，大数据和人工智能便只是空谈，无法切实为人民服务。因此，有必要加强对基层公共安全人员的培训，并将相关课程纳入考核。

在数据集成和利用过程中，政府新闻部门和公共安全机关必须制定相应的审批规则和程序，并设立专门的控制和实施部门，在数据集成过程中防止数据泄露。同时，涉及国家秘密、个人隐私和商业秘密的数据必须保密。需要征求意见的，必须符合法律规定，经公共安全机关批准后方可实施。

（三）培养数据分析人才

在大数据和人工智能高端分析中，如何建立数据处理模型是一大关键因素。数据分析人员必须将现实生活中的实际情况转化为可以通过数据分析系统解决的逻辑问题。要完成数据的挖掘、提取、分析、建模，不是专业的人才或团队是做不到的。

综合来看，大数据和人工智能分析团队或人才需要了解和掌握以下知识或技能：网络知识、通信技术、法律知识、数理逻辑分析能力。而要建立一支优秀的大数据和人工智能分析团队，积极培养数据分析人才至关重要。在大数据和人工智能背景下，优秀的数据分析师是目前最稀缺的资源。

根据工作职能分工，数据分析师基本分为以下几类。

首先是数据分析专家。他们数量不多，是大数据和人工智能分析师的集成者，通常具有数学、计算机、逻辑学、统计学等专业的硕士或博士以上学位，能熟练编程，能用计算机完成数据分析和建模，既是疑难病的解决者，也是大数据和人工智能系统中的定海神针。

第二类是数据分析顾问。他们数量庞大，熟悉数学、计算机、逻辑学、统计学等相关技术，能独立解决一些问题，是专家与分析人员之间的重要桥梁，具有良好的沟通技巧。

第三类是数据分析员。他们只做一些简单的数据工作，如数据收集、提取和简单的分析，通常是刚毕业的学生。

一个优秀的分析团队必须同时具备以上三种人才，即由少量的数据分析专家、更多的数据分析顾问和大量的数据分析师组成。数据分析专家完成复杂数据的建模和分析，数据分析顾问完成大量普通数据分析工作，并对数据进行远距离分析，数据分析师完成基础分析工作。

（四）加强基础设施建设

大数据和人工智能相关基础设施建设是大数据和人工智能信息化顺利发展的前提，它包括"一个中心、两个网络、三个平台"。"一个中心"是指公共安全机关的云数据中心，"两个网络"是指公共安全机关的内网和互联网，"三大平台"是指公共安全数据采集、数据分析和数据应用平台。

现阶段，公共安全机关要把数据采集作为重点工作，这些数据分为以下几类：国家公共安全相关数据，人民基础信息数据，各部门掌握的本领域基础数据、犯罪信息数据，并逐步建立专门的数据库，便于信息的存储、检索和利用，更好地为社会公众服务。

2012年底，山东省公共安全厅与浪潮集团共同打造了"警云"数据平台，这是我国大数据和人工智能应用的里程碑式合作。山东省公共安全厅进行了集中部署和规划，整合了17个地市级和上千个公共安全工作平台。平台建设完成后，山东省信贷信息化程度大大提高，提高了各公共安全机关信息共享、信息交流和信息分析的效率。

（五）促进信息和数据的开放

在大数据和人工智能时代背景下，理想的模式是人们可以随时随地登录政府部门的公共网站，查找相关信息和内容，甚至对政府政策提出自己的建议。

虽然公共安全机关的工作有其特殊性，但未来公共安全数据必将逐步开放在公众的视野中，这就促使我们要在工作制度上做得更好。

现阶段，一些政府已经公开了一些数据信息。例如，美国政府建立了数据公开的 date.gov 网站，可以查询和监督政府财政支出等。数据公开的目的不仅是满足人民群众的知情权，更是为了数据更好地流动，打破数据交换的壁垒。数据公开机制的建立意味着监管机制更加透明，对信息和数据质量的要求也更高。公共安全机关必须在这方面发挥应有的作用，在控制数据质量的同时，注重项目管理、编码系统规范、数据接口规范、数据格式规范等。这是建立规范化制度的需要，也是公共安全机关的一项重点工作。

五、城市治安治理创新路径：智慧治理

当大数据和人工智能贯穿政府社会治理全过程时，将推动产生一种新的治理模式，即"智慧治理"。张炳轩教授等认为，智慧治理是先进信息通信技术的一种应用，是城市内部各种设施和资源的重组和整合，将带来城市增长、城市管理优化和城市治理的新模式。

（一）智慧治理主体：多重协调

社会治理正经历从管理治理向合作治理的转变。实践证明，传统的"内部"问题越来越具有外溢性和无限性，合作治理成为不可逆转的发展趋势。在公共安全治理领域，重视主体间的合作参与是一个突出特点，但参与机构协作水平的缺乏是城市治安治理的难点，这主要体现在以下几个方面：一是政府相关部门纵向专业分工与横向需求整合矛盾突出，部门协作机制不健全、不完善或只讲究形式，信息壁垒依然存在；二是公众对公共安全治理缺乏参与热情，缺乏相应的互动平台。

随着大数据和人工智能时代的到来，信息采集和传播渠道发生了巨大变化，权力变得分散，集中治理模式失灵，迫使政府由封闭转向开放。因此，智慧治理需要进一步优化公共安全治理主体的参与路径。首先，政府要积

极转变"自我中心"的理念，认识到公共安全治理主体将由单一政府主体转向多中心社会主体，但政府的责任主体地位不会动摇；其次，政府要积极推进社会数据资源的开放和共享，使一切与公共安全有关的因素都能被测量和可视化。

（二）智慧治理工具：理性跨越

2014 年，国家发改委等八部委联合发布《关于促进智慧城市健康发展的指导意见》。文件指出，智慧城市板块是指"运用物联网、云计算、大数据和人工智能、空间地理信息集成等新一代信息技术，提升城市规划、建设智慧化的管理与服务"。智慧治理的本质是基于大数据和人工智能应用的精细化管理。大数据和人工智能的意义不仅是不同于传统数据的"新数据"，而且是一种新方法。传统的数据分析依赖于推理，缺乏科学性和准确性，而大数据和人工智能的核心在于模式识别，它能从海量信息中发现宏观特征，预测未来趋势。

（三）智慧治理流程：流程再造

智慧治理就是借助大数据和人工智能、云计算、物联网、移动互联网等新兴技术，结合"互联网 +"理念，从根本上优化和完善政府的治理实践，其本质是管理和使用数据，推动城市治安治理由静态变为动态，进一步提高城市治安治理的精细化和可视化程度。科学管理公共安全和数据之间有着内在联系。一方面，治安事件促进大数据和人工智能的生成，另一方面，大数据和人工智能分析又可以显著提高公共安全管理的适应性。因此，智慧治理就是努力实现公共安全治理的知识数据化、数据结构化和结构智能化的过程。

智慧治理流程再造的重点是信息流。因为只有获得足够的信息，才能识别和细化政策需要解决的问题。在公共安全智慧治理的流程再造中，要注意以下几个问题：要拓宽信息采集和发布的范围，通过城市探测器、移动终端和各种网络服务公司的共享数据，建立一个"数据仓库"，进行一站式存储和采集；要加大信息挖掘和分析的深度，便于政府制定更加及时有效的应对策略。

（四）智慧治理保障：完美的机器制造

作为一种技术与制度整合的战略，在"智慧治理"体系中，除了技术外，政府职能体系的调整和相关机制的创新也很关键。一方面，政府不仅要依靠法律制度重新塑造城市智慧治理的运行规范；另一方面，政府要通过制度机制理顺智慧治理的运行理念，使其更好地服务于城市公共安全治理。

具体来说，首先要明确智慧治理所应遵循的原则，包括如何促进发展、平衡、实用、最小干预、保护弱势群体等；其次要建立健全相关法律制度。有学者提出，建立新的数据共享管理机制的最终途径就是依靠法制；再次是完善智慧政务运行机制，不仅要注重多种服务的准确供给，还要充分发挥数据挖掘和信息集成功能，突出数据驱动在监测预警、决策处置机制中的作用。

第七节　数据驱动下的城市治理

一、城市治理概念

20 世纪 70 年代，西方发起了新公共管理运动，这是城市治理兴起的源头。当时人们对城市治理的认识还比较简单，即行政事业单位对社会公共事务的治理，主要设置扁平化的政府管理机构，包括政府决策和治理模式两个维度。现在，业界对城市治理概念的理解已经发生了变化，新的基本思路是：城市治理是政府与多方力量联合起来，综合治理公共事务和保障居民的自由权利，进而全面维护社会整体秩序。

城市治理不仅提高了内部管理的效率和有效性，而且保证了治理行为的合法性，实现了以人为本的综合治理，具有以下特点。

一是实现国家权力回归社会。城市治理的最大特点是转变权力运行方式，建设回应型政府，改变集权制，把权力交给居民，让公共权力掌握在广大人民手中。政府的权威不再依赖于管理体制的硬权利，而是来自政府、社会与居民之间合作构建的网络。

二是公共治理的权力主体趋于多元化。各大社会组织、非营利性事业单位和各类民营企业都可以成为社会公共服务的提供者。多元化趋势的出现，也促使政府与社会组织形成多元化的伙伴关系，从而加强政府的自我管理能力。

三是合作与协调是城市治理的主要管理模式。如果说在城市治理中传统的政府角色是"划桨者"，那么新的治理模式中，政府的角色会逐渐转变为"舵手"，更加强调合作与协调。

二、中国城市治理的发展现状及趋势

随着改革开放步伐的加快，我国城市治理能力进一步提高，政府职能定位更加明确。这主要体现在以下几个方面：政府支持的社会组织越来越多，民间组织在社会经济发展中的作用越来越大；行政部门改变了原来高度集中的计划经济体制，促进了企业经营和物资配送的独立性；各大国有企业、民营企业纷纷获得了必要的资源和足够的发展空间，获得了发展决策的自主权，实现了资源跨地区、跨行业的流动；在社会控制权逐渐弱化之后，政府放弃了一些不必要的社会职能，社会活力不断增强。

三、大数据在中国城市治理现代化中的应用

2012 年后，"大数据"的概念在我国开始流行起来，2013 年更是被称为"大数据元年"。大数据早期主要是在商业领域发挥巨大作用。党的十八大特别是十八届三中全会以来，我国制订了全面深化改革的总目标，即"完善和发展中国特色社会主义制度，推进国家治理体系和治理能力现代化"。在这一背景下，许多学者提出可以将大数据引入城市治理，提高城市治理能力。2015 年 8 月，国务院发布的《促进大数据发展行动纲要》，成为地方政府和部门贯彻实施国家大数据战略的纲领性文件。

（一）大数据对当代城市治理的渗透作用

政府的科学决策和现代治理越来越离不开大数据和其他现代信息统计分析技术的支持。2015 年 8 月，国务院颁布《促进大数据发展行动纲要》，提出建立用数据说话、用数据决策、用数据管理、用数据创新的管理机制，全面提高政府管理水平。

1. 大数据对城市治理理念的渗透

在传统的城市治理过程中，官本位的管理理念一直占据主导地位，而在大数据时代，大量的数据是公开透明的，数据运用是科学的，政府也要转变传统的治理理念，摒弃官本位思想，使城市治理越来越透明化、科学化。

首先，政府要以更加开放和包容的态度，逐步增强与世界各国以及和社会、公众的合作，不断增强开放意识，强化共同治理的理念。当今世界正在成为一个有机的整体，各国之间合作日益密切，许多国际问题例如反恐、跨地区犯罪、全球气候、经济发展等只有通过国家间的相互合作才能

解决。同时政府也要对企业、社会团体和居民抱有开放合作的态度。

其次，政府要形成以实际数据为基础的科学治理理念。大数据不仅开启了信息革命的新阶段，而且作为城市治理现代化的技术途径，可以完善并创新城市治理的发展思路。

最后，政府要建立一个综合的信息系统，将各种信息集成在一起，并对信息进行实时监测及更新。政府要注意数据之间多维、多方面的关系，形成多元治理的格局。另外，城市治理中的各种信息不能孤立，各部门应相互交流，形成综合信息系统，例如城市智能交通系统与安防系统合作，能够实时获取可疑车辆的位置，同时也可以让警方选择避免拥堵的路径。

2. 大数据对城市治理范式的渗透

首先，大数据提高了城市治理效果，使政府公共管理更加贴近群众。在大数据背景下，政府数据库进一步开放，一方面可以提升政府管理效率，例如通过软件客户端整合各种服务，公众在家中就可以办理业务，简化办事流程；另一方面可以及时了解居民的意见和建议，更好地开展服务。

其次，大数据可以提升政府绩效。云计算、互联网等技术与大数据结合后，政府治理有了数据支撑，政府可以更准确更全面地把握民众需求，并且运用科学的方法进一步细分民众需求，掌握民众需求细节及其变化趋势，使政府提供的服务更有针对性，从而提高政府绩效。

最后，大数据可以提升政府治理智能化水平。在大数据背景下，城市治理将借鉴以往公共服务和互联网治理的成功经验，不断创新智能化治理模式，通过对政府、环境、市场、企业、个人等大数据的收集、加工处理和反馈，无序的数据变得有序，实现对各种城市系统的智能管理和控制。例如城市交通系统可以根据每条道路的实时车辆信息及拥堵系数来智能控制红绿灯时间，还可以为驾驶员提供避免拥堵的路线建议。

（二）大数据对当代城市治理的积极作用

城市治理的根本宗旨是让政府管理愈加高效，政策制定愈加合理，服务愈加贴近群众，同时尽量减少政府预算。要实现这一目标，只能依靠大数据。大数据对当代城市治理的积极作用表现在以下几个方面。

1.有利于充分发挥政府信息治理优势

广泛收集和分析社会信息，有利于提升政府服务的人性化程度。针对不同地区、不同人群的特点，政府可以根据实际情况为每个区域每个群体量身定制个性化服务。

首先，大数据信息全面丰富，政府可以全面了解实时情况，从而精准确定当下所需的政府服务。例如，某城市建设的智能旅游大数据系统，包括本市 4A 级以上旅游景区、新开发的热门景区、交通枢纽和商圈的数据，运营商可以通过后台实时观察各大景区的人数，以及重要景区的高清视频信息，为游客提供更好的旅游服务。

其次，大数据的实时性增强了政府应对和处置突发事件的能力。政府通过采集和分析实时数据，可以及时发现甚至预测各类突发事件。同时，政府可以通过大数据分析，及时发现、制止和澄清网络谣言，化解居民对政府产生的误会，从根本上提高居民对政府的信任度和满意度。

另外，政府建立门户网站和客户端产品，可以方便公众参与政府决策。

2.有利于加快我国城市治理现代化进程

21 世纪是信息时代，信息正成为社会最重要的生产资源，我国政府也应与时俱进，运用信息管理来提高自身治理水平。

首先，大数据的发展是政府现代治理的信息基础。现代社会治理的关键是获取大量信息并运用科学的方法分析信息，大数据为政府提供了信息渠道。例如传统的粮食产量统计，是先由乡镇等基层单位统计，再逐级上报至中央部门，不仅费时费力，而且效率低下，数据也不可靠。采用大数据分析手段以后，政府可通过卫星获取当地完整的地貌，并利用分析软件对耕地进行识别和面积计算，再通过对不同地区、不同年份耕地产量的抽查和评价，来计算全市粮食产量，这样既减少了人力资源的浪费，又提高了效率，同时也使结果更加准确，维护了公众的利益。

其次，大数据使政府的治理结构走向扁平化。传统的政府管理是纵向的，基层收集好信息一层一层向上级汇报，中央作出决策之后也是层层下达。这种行政治理方式的弊端是中央难以保证获取信息的准确性、全面性，也很难保证政策真正落到实处。通过扁平化的治理模式，政府避开了中间传递过程，可直接在较短时间内从地方获取大量数据并对数据进行分析，或是直接将政策传达至地方。

3. 有利于公共决策的社会化

良好的决策能够促进社会发展，保证社会和谐稳定，相反，错误的决策不仅会使社会错失发展的机遇，还会导致社会矛盾的加剧。在政府决策过程中引入公众意见，公开决策过程，有利于政府全面掌握社会信息，更准确地了解民意，从而制定科学的决策，获得公众的信任。

四、大数据背景下当代城市治理面临的挑战

虽然大数据技术在提高城市治理水平上发挥了重要作用，但目前政府在对大数据的应用还存在一些不足，如数据治理意识淡薄、专业人才匮乏、数据保密与开放不当不合理等，这些都是我国将大数据技术应用于城市治理面临的挑战。

（一）数据治理意识淡薄

政府的数据库和信息系统中存有海量数据，但由于管理者数据治理意

识淡薄，许多数据没有得到合理利用，即使提取出来，也没能在工作中发挥最有效的作用。由于长期以来传统管理方法的影响，很多行政工作人员对大数据缺乏直觉和敏感性，数据驱动力不足，在数据采集和研究方面缺乏系统的意识。我国的数据采集量居于世界前三，因此我们缺少的不是大数据，而是利用数据的意识。

（二）数据管理不善，大数据人才匮乏

一般认为，利用大数据进行城市治理的核心是技术问题，但事实上合理有序的数据管理才是解决问题的根本。长期以来，由于缺乏一套完整的数据量化标准，数据碎片化和数据孤岛成为我国数据管理中的重要问题。此外，城乡或不同地区之间的数字鸿沟也导致政府在利用数据时出现了差异性和决策的不平衡性。

再者，由于相关部门缺乏大数据人才，大数据的开发利用十分困难。如果政府不重视专业人才的引进和本部门人员的专业培训，是无法正确处理和管理大数据的。

（三）信息披露不完全，政府公信力受到质疑

大数据使社会事件极容易传播和扩散。对于社会热点，网络上会有很多分析和评论。如果政府处理不当，不能采取合理的补救措施，就会导致事态失控，给公众留下负面印象，造成政府公信力的丧失。还有一种情况是他人恶意诽谤政府，政府也应及时澄清，避免负面影响发酵扩散。所以，政府对日常行政、决策信息的公开可以提升政府透明度，增加政府的公信力。

五、数据驱动下城市治理实践路径

在信息时代，人们在生活中广泛使用各种电子产品，大量使用信息数

据，这些数据随时反映着人们的现实生活。合理利用社会数据进行城市治理，可以大幅度提升城市治理的效率，为政府的决策提供技术支持，提高政府服务水平。

（一）夯实大数据平台的建设

大数据平台的基础建设首先在于整合不同部门之间的零散的数据，建立强大的数据资源库。政府通过数据资源库可以分析和预测可能的社会需求，明确城市治理未来的走向和趋势。也可以通过数据库资源，预判未来城市治理过程中可能会出现的问题，及时采取应对措施，将问题控制在萌芽阶段。其次，需要不断完善大数据收集、传输及使用过程中的流转畅通以及数据保真，以确保数据的可靠有效。最后，提升大数据应用平台的功能。大数据应用平台为数据库资源的交换提供了有效的技术支持，促进了各部门协同治理，提高了治理的效率。例如杭州市"城市数据大脑"平台构建，有效实现了城市公共资源的合理配置，提升了城市治理的现代化水平。

（二）强化数据共享技术，实现互联互通

开发大数据应用程序，推动大数据资源的共享，首先要打破城市各部门之间数据分割的信息壁垒，系统整合相关数据资源，这有助于相关部门之间协同治理，简化行政流程，提高治理效率，降低治理成本。例如深圳坪山新区的公共信息数据资源库实现了城市、新区、办公室和社区之间的四级沟通，通过上级部门，横向整合来自30多个市政单位和所有地区部门、两个办事处和23个社区的数据，政府信息系统架构从"川"字形转变为"井"字形，有效实现了政务数据的互联互通。其次，依据相关政务公开的制度，向市民开放相关数据资源，保障市民对数据信息的知情权。

（三）制定制度规范保障大数据的安全使用

大数据对城市治理的创新推进，在于治理主体的意识和能力的提升，推动各领域、各行业对大数据的有效运用。同时，也要高度重视数据的质量，以辩证的思维对待大数据对城市治理的驱动作用，不能唯数据论，要认识到数据本身存在失真等客观局限性，通过制度规范大数据运用的界限和底线，避免过度依赖大数据导致的城市治理风险。还要制定相关制度保障数据隐私安全，精准界定敏感信息以及机密信息，明确各部门运用大数据资源的权限责任，政务数据实现"可用、可靠、可控"，实现城市治理对资源的优化配置，提升城市治理体系的现代化水平。

第八节　城市生态与数据驱动

一、城市生态的概念

城市生态不同于自然生态，它注重的是城市人类和城市环境的相互关系，是由自然系统、经济系统和社会系统组成的复合系统。城市中的自然系统包括城市居民赖以生存的基本物质环境，如阳光、空气、淡水、土地、动物、植物、微生物等；经济系统包括生产、分配、流通和消费的各个环节；社会系统涉及城市居民社会、经济及文化活动的各个方面，主要表现为人与人之间、个人与集体之间以及集体与集体之间的各种关系。这三大系统通过高度密集的物质流、能量流和信息流相互联系，其中人类的管理和决策起着决定性的调控作用。

二、城市生态与智慧城市

（一）生态与智慧在内涵层面密切关联

狭义的智慧，是高等生物所具有的一种综合能力，包含感知、记忆、理解、联想、情感、逻辑、辨别、计算、分析、判断等。智慧让人可以深刻地理解人、事、物、社会、宇宙、现状、过去、将来。应该说，智慧的含义包罗万象，结合智慧城市这一概念来看，"智慧"这一前缀词充分体现了人类对于城市未来生活的充分想象。"生态"一词则显得较为专注。笔者认为生态主要指一种健康的、美好的、和谐的、绿色可持续的整体生态，城市生态不仅包括自然方面，还包括整个城市系统和谐、可持续的运营和发展。

可见，智慧城市包含着对生态的追求和要求，而生态的高标准和自成体系的方法与结构又引导着智慧城市的健康发展。

（二）生态与智慧在技术层面的实际应用中相辅相成

智慧与生态在技术应用层面的关联性最主要体现在为了实现生态改善，所采用的技术在运用时离不开的智能、智慧化的方法。生态策略导向的城市实践和规划建设，已逐步从单一的技术运用向多手段融合集成协同应用过渡。体现和依托生态学原理的生态环境改善技术在城市空间规划层面逐步发展完善，现今主要包含以下技术领域：绿色循环的产业系统、紧凑混合的土地利用系统、高效便捷的交通系统、低耗清洁的能源系统、减量再生的废弃物系统、和谐宜人的生态环境系统、综合集成的绿色建筑系统、智慧高效的信息系统和低碳安全的照明系统等。在这些技术的运用过程中，大多数离不开智慧系统中智能技术的支撑与帮助，例如，高效便捷的交通系统便于智慧物联技术的实施，通过实时监测和设备的感应提供交通流量变化和停车场空车位的数据，数据的及时共享有助于市民提前做好出行和停车规划，对于城市交通的拥挤和效率低下将产生极大的改善作用。

（三）生态性与智慧性是城市空间规划的共同追求

生态与智慧的理念落实到城市空间规划设计上，离不开城市功能、城市交通和城市空间形象这几个层面。从这几个方面反推智慧城市与生态城市的发展目标，可以得出，两者有着关联度较大的追求和目标。为了达到生态环保的目标，生态城市在土地利用和城市功能布局上很可能趋向紧凑的用地模式，而智慧城市的建设过程中由于信息化的高度发展和运用导致信息资源的高度共享，也必将会对城市功能造成一定影响。高效、便捷、低碳的城市交通是生态城市和智慧城市对于城市交通发展的共同目标和追求，两者从低碳生态角度和智能便捷角度出发，采用的手段相互关联，也必将达到殊途同归的结果。在城市空间形象层面，生态城市注重城市生态景观的发展，智慧城市理念中重要的组成部分——智慧产业十分依赖高科技人才，人才对于美好生态景观的需求，也在一定程度上可以理解为生态与智慧理念下产生的共同空间目标。

三、城市生态与数据驱动

（一）大数据和人工智能助力国家生态治理能力的提升

党的十八届三中全会指出，"坚持把完善和发展中国特色社会主义制度，推进国家治理体系和治理能力现代化作为全面深化改革的总目标"。"治理"与"管理"一字之差，但理念的转变是巨大的。将大数据和人工智能应用于政府体系，便为精准施策提供了强有力的技术支撑，促进了治国方略由"管理"向"治理"的转型。

1.从"权力说话"到用"数据说话"，促进政府治理理念转型

传统型的国家治理体系通常是自上而下的统治或管理，而在现代社会的治理中，弱化了以往统治型的治理方式，简政放权，精简机构，将重点放在了提高政府的服务水平上。在 21 世纪初，国家便提出了建设服务型政府的理念，但至今还处在逐步完善和持续推进过程中。其一是尚没有完

备的法律体系对政府的职能进行合理规范，另外则是问责和考核机制还不够健全。大数据和人工智能的有效介入恰好可以满足政府宏观规划、数据监管以及问责考核的需要。

2. 由"简单"迈向"精确"，大数据和人工智能推动生态治理模式转型升级

传统的样本数据秉承着统计学中"以最小的数据获取最多的信息"的目的，抽取的样本信息均有概率性，在宏观层面尚能起到一定作用，但在微观层面却失去了作用，无法就特殊问题提出有针对性的解决方案，从而无法帮助政府制定精准科学治理方案。大数据和人工智能中的信息是流动的，恰好突破了这种局限性，政府能形成全局观思维，更能全盘捕捉当前亟待解决的生态问题。除此以外，大数据和人工智能更能从海量信息中挖掘出重要信息，牢牢把握事物发展的规律性特征，引导人们正确认识治理对象，明确生态治理的方向。

3. 由"拍脑袋"决策迈向"智慧型"决策，大数据和人工智能推动生态治理手段的转型

传统的生态治理，往往依据经验和权威，"拍脑袋""一言堂"决策，存在脱离公众、决策不透明的情况，缺乏实效性和科学性，结果自然是不尽人意。大数据和人工智能提供的数据足够翔实，数据种类多样，处理速度高效，为相关性决策分析提供了大量有价值的信息，优化了决策能力，增强了决策的科学性。

4. 大数据和人工智能驱动政府由"绝对权威"向"扁平化"治理转型，推动政府生态治理内容的变革

所谓的"扁平化"，是针对"层级结构"而言的。在层级结构中，信息的传达需要从基层开始依次交接，并通过一层层筛选最终到达最高决策

者那里，非常费时费力，无法满足和适应现代管理多元化趋势的要求。大数据和人工智能加速了信息资源的流动，克服了传统层级结构复杂造成的诸多问题，实现了政府对生态信息的全程动态监管。

（二）大数据和人工智能为生态评估提供科学精准支撑

在现代城市建设过程中，为了更直观、生动、科学地展示建设成果和政府工作成绩，通常会借助于一些量化指标体系。生态文明建设成果指标体系的构建，便充分运用了大数据和人工智能技术，可以从数据中筛选出最具有代表性的指标。

（三）大数据和人工智能助推全民生态意识养成

生态认识是生态意识养成的前提。只有拥有充分的生态认识，面对当前重重生态危机时才能产生忧患意识。生态认识在生态意识的养成中扮演着重要角色，公众只有充分认识事物才能拥有绝对理性的思维。从全民生态意识的现状来看，公众在总体上缺乏对生态问题全面、系统的了解，并且在社会性、效益性和全局性等方面缺乏足够系统的认识，因而在生态道德上呈现生态意识不统一的现象。

大数据和人工智能时代，数据对每个人都是公平的，不管置身世界的任何地方，人们都可以获得相同的数据。2015 年 3 月 12 日，网易云推出植树节"穹顶之下，云阅读在行动"活动，通过大数据和人工智能，显示了城市生态的现状，并触发了网民对绿色环保的使命感和责任感，为生态保护出了一份力。

四、大数据和人工智能在城市生态建设中的运用

（一）生态数据的收集与标准制定

生态大数据是反映生态问题及其管理过程中各要素的数量、质量、分

布、联系和规律等的数字、文字和图形等的总称，是经过特定加工的，能够直接被生态保护部门、各企业和公众利用分析的数据，是人类在生态保护实践中认识生态和解决生态问题所必需的一种共享资源。

应用大数据和人工智能的思想和方法，政府可将生态数据的收集、分析和标准制定三个步骤统一起来，形成具有无限性、多样性、灵活性和开发性的生态大数据和人工智能库。

这个过程首先要有目的性，要清楚准备分析什么问题和要得到什么样的数据标准，要有针对性地选择数据源；其次，要对数据进行格式转化，把大量非结构化（视频、音频、图片、图像、文档、文本等形式）的数据转化为类似结构化的多维数据或关联数据，然后建立模型进行分析，最终制定出统一的标准。

（二）建立促进政策制定的信息公开系统

众所周知，决策的质量与数据分析信息量之间存在着一种正相关性，数据信息量越少，决策的科学性、合理性也就越弱；反之，决策的科学性、合理性就会越强。我国很多生态数据主要集中于环保部门，数据并不对外公开，决策部门可以获得信息的数量十分有限，这不仅使公民对生态危害的严重程度缺乏认识，也给政府研究生态治理和制定生态政策带来一定的局限性。

因此，政府应该建立"高效率、广泛参与"的生态治理模式，注重与公民的充分沟通和互动，并确保对外传递的信息客观有效。只有数据开放，才能够实现数据在各方面的共享和利用，也才能真正充分挖掘数据的社会价值和使用价值。尽管政府在生态治理过程中占有主导地位，但第三方企业拥有技术、成本等方面的优势，对于公开数据的利用可能比政府更有创新性，政府也需要支持和鼓励更多的企业加入生态保护行动中，同时也要鼓励公民积极向政府提出生态治理的合理建议。

（三）建立网格化实时监测系统

在生态治理过程中，地方政府对于生态污染的监管常常因为疏忽或不作为而受到公众指责。因此，建立一个实时动态的网格化监测系统势在必行。例如，目前利用卫星系统可以做到 24 小时对空气污染排放点（工厂烟囱排放、农村焚烧秸秆、燃放鞭炮等）、空气污染指数的实时监测。生态检测与研究部门可以将获得的数据绘制成动态网格化数据表，然后与详细的城市地图对应，找寻排放废气的企业，最后把整个网格化污染地图（包含排污企业）与分析结果公布。这个网格化实时监测系统的建立将使公众和企业快捷地获取相关信息，同时给排污企业造成强大的舆论和道德压力，迫使他们寻求减排的技术和方法。

（四）建立城市生态数据化管理系统

利用大数据和人工智能技术建立一个由政府主导、企业和公民共同参与的城市生态数据化管理系统，有利于实现城市生态数据的收集、开放和信息实时监测的交互利用。城市生态数据化管理系统基于一个巨量的生态数据云平台，一方面收集实时动态生态数据，进行数据分析，通过多样化的应用端输出数据分析结果，另一方面获取与公众交互的信息，进一步分析管理数据。

随着资源匮乏与各种生态问题的持续爆发，未来我国的生态安全、生态治理压力将有增无减，这就更需要我们紧跟时代潮流，结合大数据和人工智能的技术与方法，为生态治理过程提供数据信息收集、标准制定、实时监测、公众参与等各种支持，给未来的城市化生态治理带来更新、更大的变革。

第六章 结论与建议

第一节 数据驱动下智慧城市建设面临的挑战

就城市发展的历程来看，数字化转型是不可逆转的，但是我们也不能忽视数据驱动下的智慧城市在发展过程中面临的巨大挑战。

一、技术挑战

从技术层面来看，人工智能、物联网、云计算、大数据等支撑了智慧城市的发展。而这些技术都要求相关人员具备较高的技术和创新能力。虽然近几年我国在新兴技术方面取得了一定的进步，但是一些核心技术我们还没有完全掌握，相对美国等发达国家还有很大差距。

从技术应用层面来看，城市的基础建设能否满足新型技术的应用也是一个需要重视的问题。例如目前比较先进的无人驾驶技术将改变城市的流动模式和物流系统，但无人驾驶技术也让城市管理面临巨大的挑战，为了适应无人驾驶技术，城市将不得不对道路交通设施以及道路交通规划进行全新的设计。

二、经济挑战

当前我国除了数字经济对市场经济产生影响方面的研究外，关于全新技术对经济模式产生的影响的研究还很少。在智慧城市建设中，数字化技术展现了旺盛的生命力，对企业发展和创造新的就业机会起到了积极的推动作用，但是一些专家也对全新技术的应用表示了担忧。例如，新技术的应用虽然会极大提高生产力，但是也可能造成居民大量失业，对经济结构和经济模式造成巨大的影响。

三、社会挑战

由于数字化智慧城市基础设施建设有时间性、步骤性和层次性，不可能所有的城市同时完成，这就会造成各城市数字化基础设施发展不平衡、不均等，有可能进一步加剧城市的两极分化。

另外，由于公共安全的需要，越来越多的监控设施、信息采集设施安装在城市中，也可能使个人私密信息和隐私问题暴露在公众视野中，这同样会对社会的发展产生巨大的影响。

四、环境挑战

使用新的数字和智能技术可以更好地帮助城市实现可持续发展。但是在已建成的城区引入和使用这些技术将会变得非常困难。因为改变现有的城市模式将会耗费大量人力、物力和财力。政府可能没有更多的资金投入，而社会资本在没有利益的情况下也不愿意进行投资。这同样有可能进一步加剧城市空间的两极分化。

五、空间挑战

智慧城市的最终模式很难预测，但是研究表明，新兴智能移动方式将改变城市的内部空间。从长远来看，也许城市会不得不做出这样的决定：关闭城市中没有配备智能技术的交通工具，具有更多功能的智慧建筑大量产生。这样对于城市的空间规划必然会提出更高的要求。

六、城市治理挑战

为实现智慧城市，城市将彻底改变。基础设施技术要满足政府、企业和市民的需求，就必须采用全新的通信政策和数字信息形式，这对政府的治理能力提出了更高的要求。

另外，网络媒体的发展会带动更多的市民参与城市发展，政府将不得不面对大量的民众的新要求，这对政府的城市管理能力也是一个巨大的挑战。

第二节　现阶段推进智慧城市发展的建议

智慧城市的建设内容丰富，技术要求高、资金投入大，是一项综合性、长期性的系统工程。在建设过程中，我们一方面要加强顶层设计，加快新技术的推广和应用，另一方面要积极进行智慧区域试点，加强信息数字资源共享，提升惠民服务，加强风险防范能力，推进智慧城市建设的良性、稳步发展。

一、加强顶层设计

智慧城市的建设要从全局出发，做好顶层设计，这是智慧城市建设和发展的基础。因此我们必须要高度重视、充分考虑数据的来源、数据的质量，以及技术、系统、部署、业务的构架。要不断规范评价标准，积极构建智慧城市建设的总体框架。同时，要在具体的应用过程中统筹各方资源，分步有序推进项目，快速高效地推动智慧城市建设。

二、加快新兴技术应用，不断强化智慧城市建设基础

一是强化信息基础设施建设。在优化 4G 网络的基础上，积极推动普及 5G 网络，加速无线局域网的建设；二是强化数据感知传输系统，大力推进视频采集、时空数据采集、物联网数据采集等新技术的应用，打造全方位无死角的数据感知传输系统；三是积极打造共性技术支持平台，形成统一的人工智能、大数据、区块链和物联网服务体系。

三、鼓励先试先行，尽快打造一批示范工程

在智慧城市建设过程中要以点带面，突出示范工程的针对性，积极打造一批以基础性、公共性、示范性等为重点的智慧工程，并积极推广。

四、打破信息壁垒，加强数据资源的互联互通

一是强化信息资源的统筹整合，建立信息资源共享和数据质量管理体系，积极构建统一的标准和技术接口，提升大数据平台的服务能力和管理能力；二是强化信息资源的开放共享，要进一步明确数据的共享边界和使用方式，编制数据资源的共享格式和标准，实现部门、行业、领域、层次

间的数据互通和共享；三是强化信息资源的广泛应用，通过社会众包、服务外包、助推计划等方式积极支持和鼓励企业、其他社会组织在法律框架内开发利用数据资源，促进大数据的推广和应用。

五、坚持以人为本，不断提升服务质量

要以促进人民生活水平和人民生活质量的提高为出发点，积极发挥数据资源在治理模式和创新服务中的重要作用。一是要进一步加快政务智能网络的建设，优化服务流程，畅通服务渠道，为企业和市民提供便捷的服务；二是不断提升政务服务水平，积极整合税务、财政、城乡、环保、规划、国土等多个部门的资源，加快互联网政务服务进程，让企业和群众办事更加快捷、高效；三是强化智能社区建设，集合社保、医疗、养老、教育、门禁等多种服务需求，搭建统一的社区数字化服务平台，促进线上线下信息的融合，不断激发社区活力；四是强化智慧医疗建设，集合电子病历、健康卡、远程会诊等便民医疗服务，积极打造公共管理和市民健康体系，切实解决群众看病难的问题。

六、打造防护体系，防范各类风险

在智慧城市建设中必须加强对各类风险的防范，努力打造坚固的防护体系。一是积极制定安全制度和标准，从源头上防范各类风险；二是要不断丰富安全防护手段，利用防火墙、网络隔离、加密认证等技术，进一步加强对各类网络终端的保护；三是加强对安全人员的教育，提高他们的思想认识和风险意识，不断增强他们的业务能力和专业知识。

七、加强保障，探索建立长效机制

智慧城市建设是一项长期工程，必须完善各种保障机制。一是加强组织领导，要进一步明确智慧城市建设的组织部门、实施部门和监管部门，确定职能、明晰职权、划分责任，确保智慧城市建设顺利推进。二是强化投融资运营，政府应该不断完善投融资运营机制，创新建设模式，提高政务效率；同时积极吸引社会资本，形成多结构、多元化、多层次的智慧城市建设运营资金保障体系。三是强化人才支撑，要进一步完善人才培养体系，在积极引进外来高端人才的同时，大力培养本土技术力量，为智慧城市建设提供有力的人才保障。

智慧城市的建设、发展将对居民的生产和生活产生巨大影响，政府做好引导，积极集合人民智慧，形成广泛的产业链，才能最大化发挥智慧城市的应有效能。

参考文献

［1］彭小宝，高筱培.加快智慧城市建设的路径[N].安徽日报，2020-04-14（6）.

［2］周诗怡.推动区块链技术与实体经济融合[N].经济参考报，2020-04-14（8）.

［3］张宏.坚持大力开发核心智慧教育平台[N].中国出版传媒商报，2020-04-14（4）.

［4］周英楠.区块链技术驱动营口实体经济发展[N].营口日报，2020-04-14（6）.

［5］黄若莲.人工智能在计算机网络技术中的应用[J].科技风，2020，04（11）：105.

［6］马青.区块链技术在物联网安全相关领域的应用思考[J].科技风，2020，04（11）：109.

［7］姜喆，韩婕.基于物联网的智能环境监测系统[J].科技风，2020，04（11）：120.

［8］赵友华，张慧敏.公共文化服务效能提升的智能图景与现实逻辑[J].图书馆，2020（3）：1-6.

［9］任栋，董雪建，曹改改，等.物联网技术在统计数据采集中的应用探索[J].调研世界，2020（4）：62-65.

［10］殷越.计算机技术在物联网的应用[J].集成电路应用，2020，37（4）：148-149.

［11］栾轶玫.智能机器生产的"实然"与"应然"[J].视听界，2020（2）：125.

［12］刘洋，邱玲.区块链技术下跨境电商"信任"鸿沟问题的解决机制[J].商业时代，2020（7）：150-153.

［13］梁毅芳."5G+金融"的应用前景及挑战[J].金融科技时代，2020，28（4）：37-40.

［14］张磊磊.北京财政用上区块链电子票据[J].金融科技时代，2020，28（4）：94.

［15］贾海刚，孙迎联.基于区块链的精准扶贫创新机制研究[J].电子政务，2020（4）：25-37.

［16］唐斯斯，张延强，单志广，等.我国新型智慧城市发展现状、形势与政策建议[J].电子政务，2020（4）：70-80.

［17］周步祥，杨明通，史述青，等.基于区块链的微电网市场博弈模型[J].电力系统自动化，2020，44（7）：15-22.

［18］阮灿斌，朱贵涛.区块链技术在教育领域的应用展望[J].中小学数字化教学，2020（4）：91-92.

［19］黄克振，连一峰，冯登国，等.基于区块链的网络安全威胁情报共享模型[J].计算机研究与发展，2020，57（4）：836-846.

［20］张雪旸，曹江伟，殷夏伟.长三角智慧城市建设中农业物联网发展存在的问题及对策[J].现代农业科技，2020（7）：255-256，261.

［21］李霞.BIM技术的应用与对建筑业发展的影响[J].中国市场，2020（11）：68，70.

［22］熊辉，郭兴元，康娟.区块链技术与医疗健康大数据应用简析

[J].中国市场，2020（11）：159-160.

[23] 支琛琛.探索智慧物流背景下现代物流路径[J].中外企业家，2020（12）：94.

[24] 张雨欣，丁俊浩，邢苗条.基于"区块链"技术的新型农业产业结构发展探讨[J].合作经济与科技，2020（8）：26-27.

[25] 张璐.区块链技术下分布式账本在会计核算中的应用[J].合作经济与科技，2020（8）：180-181.

[26] 毛高杰.以融合正义重构人工智能司法的逻辑[J].河北法学，2020，38（5）：92-103.

[27] 张苏文.城市智慧路灯建设的研究及实现[D].南昌：华东交通大学，2020.

[28] 杜明芳.绿色智慧城市建设应以泛在能源物联网为基底[N].中国能源报，2020-04-06（28）.

[29] 董美华，王振，付旭，等.基于绿色BIM理念的多层建筑节能设计分析[J].土木建筑工程信息技术，2020，12（1）：70-75.

[30] 王科.基于BIM的建设项目管理模式研究[J].土木建筑工程信息技术，2020，12（1）：117-121.

[31] 王强.BIM+GIS在桥梁初步设计中的应用[J].土木建筑工程信息技术，2020，12（1）：95-99.

[32] 佚名智慧医疗下的分级诊疗需要做好五件事[J].中国卫生质量管理，2020，27（2）：56.

[33] 高菊芬.基于智慧课堂的小学数学教学应用研究[J].学周刊，2020（10）：45-46.

[34] 谢博全，吴嘉敏，雷鹰.基于BIM+3DGIS的城市基础设施物理信息融合智能化管理研究[J].智能建筑与智慧城市，2020（3）：9-13.

［35］李扬，刘平，王丹丹.基于5G网络和CIM的智慧城市系统构建探索[J].智能建筑与智慧城市，2020（3）：27-29.

［36］戴湘君，卢柯旭.基于智慧城市需求的新型风景园林专业人才培养研究[J].智能建筑与智慧城市，2020（3）：74-75.

［37］王林钰.数据中心是城市智慧能源实现的"新基建"[N].中国能源报，2020-03-16（29）.